偽りの経済政策

——格差と停滞のアベノミクス

服部茂幸
Shigeyuki Hattori

岩波新書
1661

まえがき

国が大恐慌以来最悪の経済の下降から回復しようと戦っている時、我々をここに連れていった人々は、歴史を書き換えるために、必死になって働いている。この経済崩壊の基本的な話は非常に単純である。崇拝されていた議長、グリーンスパンに導かれた連邦準備制度理事会(FRB)は、八兆ドルの住宅バブルを抑制することなく、成長するのを容認した(Baker, 2010, p. 1)。

しかしながら、政治的エリートは公式の物語をそのように単純にするのを望まない。彼らは、経済政策のトップの地位を占める人々が無能、腐敗、あるいはその両方であることを公衆が知ることを望まない。物語を複雑さの中に埋葬することによって、アメリカの公衆を混乱させようと努力している(Baker, 2010, p. 3)。

経済停滞は最初から

二〇一四年八月に発刊された『アベノミクスの終焉』（服部、二〇一四）で、筆者は次のような見通しを述べた。

アベノミクスの下で経済が順調に成長していると思われていた。けれども、経済成長を支えているのは、政府支出、耐久財消費と住宅投資にすぎない。二〇一四年四月に消費税増税が行われた後、反動減で耐久財消費と住宅投資が急減するのは目に見えている。政府投資も一四年度には横ばいと、日本の政府自身が見込んでいる。一四年度には経済成長が挫折する。消費者物価上昇率もプラスに転じたが、これは円安による輸入インフレの結果にすぎない。円安が止まれば、デフレに戻る。

今では消費者物価上昇率はほぼゼロか、マイナスに転じ、経済も停滞している。前著出版後に生じた世界的な原油価格の急落や、円高の進行を筆者は予想したわけではない。それでも、基本的なところでは、その後の事態は筆者の予想通りに進行した。もっとも、宝くじの一等賞も当選する人間がいる。まぐれ当たりという可能性もあり得るが、予想が当たったのは前著の分析が大筋で正しかった結果だと考えている。けれども、予想が的中したことは筆者にとってはよいことでも、日本国民にとっては不幸なことであろう。

筆者とは対照的に、消費税増税後の反動減は一時的と最後まで主張し続けていたのが、政府と日本銀行である。例えば、日銀副総裁の岩田規久男(二〇一五a)は、消費税増税から一年近くが過ぎようとしていた二〇一五年二月に、増税の影響が和らいできていると主張していた。ところが、経済の停滞が長引くと、政府・日銀はその責を消費税増税に押しつけるようになる。

しかし、アベノミクスは消費税増税のために挫折したという責任転嫁の議論は正しくない。大きかったのは消費税増税前の駆け込み需要であることは前著で書いた。それを示すのが、日銀(二〇一六a、四頁注)自身の推計である。彼らは駆け込み需要によって、二〇一三年度の経済成長率が〇・八%押し上げられたと推計した。

消費税増税が経済の回復に水を差したのではない。駆け込み需要と政府支出でかさ上げされていた経済が、元に戻っただけである。政府・日銀と、アベノミクスを支持する経済学者は、よい経済指標はアベノミクスの成果だと宣伝するが、悪い経済指標の原因を他に押しつけていることも、前著で書いた。消費税増税問題もその数多い例の一つにすぎない。

日銀は歴史を書き換える

ベーカーは、二〇〇八年の金融恐慌の前から住宅バブルの危険性を警告していた少数派の一人である。冒頭の引用は、彼が金融恐慌について論じた本からの引用である。ベーカーはアメリカの金融恐慌の原因は、ＦＲＢが住宅バブルを放置したことにあると言う。けれども、それでは困る政府関係者は公衆がそうと分からないように、歴史を書き換えようとしていると言う。

アメリカの金融恐慌後、筆者はその金融恐慌の研究をすることにした。そして、グリーンスパンやバーナンキなどＦＲＢ関係者が、重要な局面で全てと言ってよいほど状況判断を間違い続けていたことに驚いた。しかも、経済と金融の基本が分からないのではないかと疑いたくなるほどの基本的なところで、彼らは間違っていた。

中央銀行が経済を動かす力には限界がある。だから、こうした判断ミスがなければ、金融恐慌を防げたかどうかは、正確には分からない。けれども、金融恐慌が起きたとしても、その規模が遥かに小さくなっていたことは確実であろう。しかし、現在の日銀を動かしている金融政策のフレームワークはバーナンキの理論に基づいている。そのバーナンキが恐慌の元凶だということになっては困る人が日本にもいよう。

二〇一三年三月に、旧来の日銀の金融政策を批判していた黒田東彦が日銀総裁、岩田が副総裁に就任した。彼らは、最初、金融緩和によって、二年を目処に、物価上昇率を二％まで引き上げると公約した。ところが、すでに四年が経過しようとしているのに、物価上昇率はほぼゼロか、マイナスに戻っている。

実体経済の成長率も低い。日本経済は一九九〇年代以降、デフレの中で停滞が続いていると言われている。けれども、一九九七年からの金融危機と二〇〇八年からの世界同時不況という二つの大きな危機時を除くと、それなりの成長率を維持していた。ところが、アベノミクス期は危機がないのに経済成長率はむしろ低い。

アベノミクスと日銀の金融緩和の物語は単純である。それはデフレ脱却にも、実体経済の復活にも失敗した。けれども、それでは国民をだましたことになってしまう。そこで、彼らはデフレ脱却に失敗した責任を消費税増税後の需要の弱さ、原油価格の世界的な急落、二〇一五年夏以降の新興国の経済の減速に押しつけた。

筋の通らない話である。金融政策が適切に行われていれば、デフレが回避できるし、デフレが解決すれば日本経済は復活できるとして、彼らは現在の地位につくまで、日銀を批判してきた。その彼らがデフレと経済停滞の原因を外的要因に押しつけている。これまでの批判は何だったのだろうか。彼らは責任転嫁によって、自らの理論を否定しているのである。混迷も窮まったと言わざるを得ないであろう。

それだけではない。前著の執筆に当たり、かつてのＦＲＢと同じく、現在の日銀もまた状況判断を繰り返し間違い続けているに違いがないと筆者は考えた。そして、予想通り、日銀は重要な判断を全てと言ってよいほど間違っていることを見いだした。その結果は前著に書いた通りであるが、二度目なので驚きはしなかった。

本著の執筆に当たり、改めて調べてみると、こうした状況が悪化していることを見いだした。分量の関係上、その全てを逐一取り上げることは不可能であるし、同じような間違いを全て取り上げることに意味があるとも思えない。そこで、本書では、敬意を込めて、リフレ派の総帥と目される岩田日銀副総裁を中心に取り上げたい。二〇〇八年の金融恐慌と同じく、現在の日本でも中央銀行は危機の一部なのである。

世の中には簡単に説明できない複雑なことがある。逆に都合の悪い人々が真理をごまかすために、単純な話を複雑にしているものもある。アベノミクスは後者であろう。

アベノミクスを評価する

こうした状況では、確固とした基準に基づいて政策を評価し直すことが不可欠であろう。筆者が考える政策評価の基準は次の四点である。

1　目標を達成したかどうか
2　目標が持続的に達成できているかどうか
3　より大きな目標を阻害していないかどうか
4　どのような経路で目標が達成できたのか

ダイエットを例にすると、体重が減らなければ、失敗である。けれども、体重が減ればよいというものではない。一時的に体重が減っても、リバウンドすることがある。過激なダイエットによって、急速に体重を落とすと、かえって健康を損なうことがある。こうした場合には、ダイエットに成功したとは言えない。

さらに、一見やせていても、体脂肪率が高い隠れ肥満という問題もある。体重が減ったとしても、ぜい肉が減った場合と、筋肉が減った場合では評価が異なるだろう。なぜ体重が減少したのかという中身も考慮しなければならない。

以上の四つが政策評価の基準として適切であることは、広く合意が得られるものと筆者は信じている。

現在、消費者物価上昇率はほぼゼロか、マイナスで、アベノミクスが始まる前と同じ状況になっている。安倍政権は実質二％、名目三％の経済成長率も公約した。しかし、実際の実質成長率は一％程度である。目標を大きく下回るだけでなく、アベノミクス前の水準と比べてもむしろ低い。とても、成功とは言えないであろう。

しかし、アベノミクスの初めの段階では、消費者物価上昇率がプラスに転じ、経済も回復していたことをもって、日銀の金融緩和は成功していたという弁護論がある。けれども、消費者物価上昇率がプラスに転じたのは、急速な円安の結果であり、経済を支えていたのは、駆け込み需要と政府支出である。いずれも持続性は見込めないから、成功ではない。

また同じように消費者物価が上昇しても、賃金上昇のために上昇した場合と、円安のために上昇した場合では、その効果が変わるであろう。多くの国民は賃金によって生活をしている。だから、賃金上昇は消費を拡大させ、経済の回復につながるだろう。逆に円安による物価上昇は、実質的な購買力を削減し、消費の停滞を生み出す。その意味で円安インフレは、より大きな目標を阻害し、かえって有害である。

現在、アベノミクスの成果としてよく取り上げられるものの一つが、雇用の回復である。金融緩和は輸出や消費といった支出の拡大を引き起こし、生産を拡大させ、雇用を回復させると想定されている。しかし、実際には輸出や消費は停滞し、それが生産の停滞を生み出している。

これは金融緩和が想定したメカニズムが生じていないことを意味する。逆に考えれば、雇用の拡大は別のメカニズムによって生じたのである。

実は増加しているのは短時間就業者であって、長時間就業者は逆に減少した。一人あたりの就業時間が短くなったため、延べ就業時間は微減か、横ばいである。加えて、労働生産性の上昇率がほぼゼロとなっている。これが生産の拡大なき雇用増加の実態である。そして、こうした形による就業者の増加は、政策の成果ではない。

企業の利益の急回復もアベノミクスの成果とされる。けれども、生産も売上もその増加はわずかである。生産や売上をともなわない利益の急回復の原因は円安、原油安といった名目的な要因による部分が大きい。さらに、人件費削減も企業の利益回復を支えている。

全体のパイが拡大しなくても、パイの分配が企業にシフトすれば、営業利益が拡大するのは当然である。しかし、それをアベノミクスの成果とは呼べないだろう。

以上のように、アベノミクスの成果と言えるものは存在しないのである。

本書の構成

第1章は実体経済の分析編である。政府・日銀は、これまで停滞していた日本経済が、アベノミクスによってよみがえったというイメージを流布させようとしている。しかし、実際には経済成長率は一％程度で、アベノミクス開始前よりもむしろ低い。

第2章は雇用編である。政府・日銀は就業者が大きく増加したとして、アベノミクスの成果を誇る。しかし、第2章では延べ就業時間は微減、せいぜい横ばいであることを示す。加えて、労働生産性上昇率も低下した。経済だけでなく、雇用と労働生産性でも、日本経済は停滞しているのである。

第3章は物価と日銀についてである。黒田＝岩田日銀の成立後、消費者物価上昇率は上昇した。しかし、これは円安インフレにすぎないことは、前著で指摘した。その後、予想通りに物価上昇率も低下し、今ではほぼゼロか、マイナスに戻っている。また、加重中央値の上昇率は始めからゼロ近傍で変化していない。これは物価の基調がデフレ状態で一貫していることを意味している。

ところが、日銀は目標達成に繰り返し失敗しても、その原因を外的要因に転嫁し、一年後か、二年後に目標が達成できるという発言を繰り返している。正確な現状判断ができない中央銀行が問題の一部であることは、二〇〇八年の金融恐慌時のＦＲＢと同じと言える。

第4章では、円安と株価上昇は、実体経済に与える影響は微々たるものでも、大企業と富裕層に所得を集中させる点で大きな成果をあげたことが示される。もっとも、二〇一六年には、一時的に円高と株価の急落が生じ、これが逆転した(トランプ大統領の誕生とともにこの傾向が再逆転しているようにも見えるが、本当にそうなるかはまだ分からない)。

終章は結論である。

筆者は日本の抱える問題の多くが、欧米諸国が抱える問題でもあると考えている(逆も正しい)。一六年のイギリスのEU離脱を支持する国民投票やアメリカのトランプ大統領の誕生は、欧米もまた多くの問題を抱えていることを象徴している。だから、我々は視野を欧米にも向けなければならない。特に現在の日銀の手本はFRBにある。だから、アメリカで何が起きているかを知ることは、現在の日銀とアベノミクスが予定の成果をあげられるかを判断する材料にもなるだろう。

残念ながら学問には完璧はあり得ない。筆者は二〇〇八年の世界的な金融恐慌もまた経済学の欠陥の産物だったと考えている。本書においても、間違いは残っているだろう。しかし、日本経済の現状について、本書は全体として筋の通った説明ができていると、筆者は信じている。少なくとも、現在の政府や日銀の説明よりは優れたものであると信じている。

これが単なる思い込みでないことを筆者は望む。

目　次

第1章　低成長が続く日本経済

「デフレの日銀理論」では、デフレの原因は、(中略)日銀の金融政策以外であれば、ありとあらゆるものが原因とされている。

「デフレの日銀理論」によれば、なぜか、世界中で日本だけが「グローバル化」「情報通信革命」「エマージング諸国の急速な台頭」などの経済環境の変化に企業も政府もうまく対応できずに、デフレになったのである(岩田、二〇一二、七三頁)。

1　混迷する黒田＝岩田日銀

岩田規久男は言い訳する

一九九〇年代以降、日本経済は長期停滞の下にあるとされる。経済停滞の中で、その原因は、日本銀行が積極的に金融緩和を行わず、デフレを放置していることにあると主張する経済学者の一派が誕生した。彼らをリフレ派と言う。

このリフレ派の黒田東彦が総裁、岩田規久男が副総裁という現在の日銀の体制が発足したのは、二〇一三年三月である。翌四月の金融政策決定会合において、彼らは量的・質的緩和政策の実施を決めた(詳しい説明は第3章)。その規模の巨大さから、量的・質的緩和政策は異次元緩和とも呼ばれている。後には同じくリフレ派の原田泰が日銀政策委員会の審議委員に就任した。

新しい日銀体制が発足した時、彼らは二年を目処に消費者物価(生鮮食品を除く)上昇率を二%に引き上げると公約した。一三年三月二一日の就任記者会見で、岩田は公約が達成できない時には、まずは説明責任をはたすべきだと述べた。その上で、「その説明責任を自分で果たせないということ、単なる自分のミスジャッジだったということであれば、最高の責任の取り方は、やはり辞任だと思っています」(日本銀行、二〇一三)と述べた。

就任記者会見では次のようにも述べていた。

二年くらいで責任をもって達成するとコミットしているわけですが、達成できなかった時に、「自分達のせいではない。他の要因によるものだ」と、あまり言い訳をしないということです。そういう立場に立っていないと、市場が、その金融政策を信用しないということになってしまいます。市場が金融政策を信用しない状況で、いくら金利を下げたり、量的緩和をしても、あまり効き目がないというのが私の立場です（日本銀行、二〇一三）。

しかし、リフレ派が日銀を支配しても、それは彼らの政治的な成功を意味するだけである。本当の成功は彼らが公約通りに二％の物価目標を達成するとともに、日本経済を復活させることである。

ところが、すでに四年の期間がすぎようとしているが、デフレ脱却の公約ははたされていない。それどころか、一時はプラスに転じた消費者物価上昇率もほぼゼロか、マイナスに転じ、デフレに戻っている。金融政策は半年から二年程度で効果がでるとされている。今となっては、明白に彼らは公約達成に失敗したと断言できる。

それにもかかわらず、一四年一〇月二八日の参議院財政金融委員会で、岩田は次のように述べた。

機械的に、人間の行動に働きかけるのが金融政策でありますので、何か電車の時刻表のようにきちっとはどうしてもできないという不確実性は大きいものがありますので、それは、目的として二年程度でできるだけやると、そのときに考えられるシナリオで最大の努力をするということで、そのように日銀が行動しているということが大事であって、そうでないように、例えば金融政策では永遠に物価が上がらないような態度であるということでは、それは問題だというふうに思いますが、（後略）（参議院財政金融委員会、二〇一四）。

普通の日本語では、これを言い訳という。

人々の期待は政策によって思う通りに動かせないということは全くその通りである。けれども、岩田は金融政策は人々の期待の変化を通じて機能すると論じてきた。これまでの日銀がデフレ脱却に失敗したのも、金融緩和を断固とした意思で実行しなかったからであると繰り返し論じてきた。すると、人々の期待が思うように変化しないのは、黒田と岩田が断固とした意思で金融緩和をやらないからだということになる。期待は動かせないという言い訳は岩田理論の全面否定である。

一四年一〇月から数えても今では、二年半が経過しようとしている。第3章で詳しく論じるように、この間、日銀は一年後か、二年後にデフレは脱却できると主張しながら、期限が近づくたびに、目標の達成時期を先送りするということを五回も繰り返している。岩田の「言い訳」にしたがえば、そうしていれば、永遠に目標が達成できなくても、責任をはたしたことになる。その点ではよくできた「言い訳」だと思うが、それで本当に日銀と岩田の責がはたされたことになるのだろうか。

「デフレの日銀理論」から「アベノミクスの経済理論」へ

日銀副総裁に就任する一年近く前、岩田は『日本銀行──デフレの番人』（二〇一二）という本を出版した。冒頭の引用はこの本からのものである。この引用からも分かるように、岩田は日本のデフレが金融政策の失敗の結果だったとして痛烈に日銀を批判した。当時の日銀がデフレの原因を他の外的要因に転嫁していることを批判した。外的環境の変化は他国も同じなのに、日本だけがデフレになっているのはおかしいと批判した。

ただし、総裁の黒田はデフレの原因は様々であることを認めている。その上で、原因と責任を区別し、日銀は政策担当者としてデフレの責任をとらなければならないと言う。

黒田＝岩田日銀の成立から四年が経った。未だにデフレ脱却の見通しが立たない。日銀にはその責任があるはずである。ところが、黒田＝岩田日銀はデフレの責任を、消費税増税後の経済低迷、原油価格の世界的な急落、新興国の経済減速という外的要因に押しつける。こうした要因が物価上昇率を引き下げ、それがデフレ期待を持続させることになったと言う。

黒田(日本銀行、二〇一六c)は、二〇一六年九月の記者会見で「そういったこと(原油価格の急落などの外的要因――引用者)がなければ、二%に近付いていたということは、「総括的な検証」の中ではっきりと計量的な手法を使って示しています。従って、そういったことがなければ二%に達していただろうということは言えると思います」と述べた(日銀の「総括的な検証」については、第3章で取り上げる)。

このように黒田＝岩田日銀は、金融政策に関係ないものならば、使えそうなものは全てをデフレの原因として利用しているのである。これは岩田が批判してきた「デフレの日銀理論」である。

原油価格急落も新興国の経済減速も世界的な現象である。ところが、第3章で示すように、岩田が範とするアメリカでは、デフレになっていない。日本だけがなぜデフレになるのだろうか。現在、中国など一部の新興国の経済が減速していることは確かである。しかし、二〇〇八年の金融恐慌以来の世界と日本は危機の連続である。〇八年の金融恐慌や一一年の東日本大震災があった前任者白川方明時代と比べれば、今の外的状況は遥かに恵まれている。

はるかに条件の悪かった白川総裁にデフレを脱却できると批判しながら、黒田と岩田がデフレを脱却できないと主張するのはダブル・スタンダードというものである。

物価だけでなく、実体経済の成長率も目標の二%に達しない。それどころか、第2節で示すように、一九九七年からの金融危機期と二〇〇八年からの世界同時不況期を除けば、今の成長率はむしろ低い。こうした中で、政府と日銀は金融政策とアベノミクス以外のありとあらゆるものを経済停滞の原因として利用する。

例えば、二〇一六年六月のサミットにおいて、安倍晋三は世界経済がリーマン・ショック前であるという主張を行った。もっとも、これを信じる人は誰もいなかった。

二〇一六年二月、日銀はマイナス金利を導入した。六月には消費税増税の先送りを決めた。九月には日銀がさらなる金融緩和を決めた。一〇月には第二次補正予算によって、二八兆円を超える投資を行うことを決めた(ただし、全てが一六年度に支出されるわけではない)。こうした措置自体が、目下の経済が停滞していることを示していると、政府や日銀も認識していると普通の人なら考えるであろう。

ところが、アベノミクスの成果によって、日本経済のファンダメンタルズは良好だというのが、政府と日銀の公式見解である。

例えば、二〇一六年度の『経済財政白書』(内閣府編、二〇一六、五頁)では、「我が国経済の現状をみると、アベノミクスの取組の下、経済再生・デフレ脱却に向けた進捗がみられる」と書いている。その根拠としてあげるのが、雇用と所得の改善である。また名目GDP、実質GDP、GDPデフレーターが全て、前年比で一八年ぶりのプラスとなったことも指摘する。

しかし、それほど経済が改善しているならば、日銀の相次ぐ緩和措置や大型の不況対策は不必要だというのが、普通の考え方であろう。

筆者は前著で、政府・日銀は数ある経済データの中でよいものを取り上げて、アベノミクスの成果だと宣伝する一方で、悪い経済状況は全て異次元緩和とアベノミクス以外の外的要因に責任転嫁をしていることを指摘した。本書では改めてこれを「アベノミクスの経済理論」と命名したい。

この「アベノミクスの経済理論」の問題点はその主張が相互に矛盾していることにある。

例えば、『経済財政白書』(内閣府編、二〇一六、五頁)でも、実質GDPの伸びが緩やかであることや、所得から支出への波及が遅れていることを認めている。実質GDPの伸びが緩やかであるということは、経済が停滞しているということの婉曲表現である。そして、実質GDPの伸び悩みの原因は支出が伸びていないことにある。現在、消費や輸出が伸び悩んでいることは、多くの人が抱く共通認識であろう。

金融緩和は消費や輸出などの支出の拡大を通じて、経済を刺激する。そして、経済が拡張すると、雇用も増加する。金融緩和が雇用を増加させる経路のうち、最初の二つが機能していない。消費、輸出、生産の停滞を認めながら、雇用の拡大が異次元緩和の成果だと主張するのは奇妙な話であろう。

支出と生産が停滞している中で雇用のみが増加しているとするならば、論理的に考えて、一人あたりの労働時間が減少しているか、労働生産性が低下しているかのいずれか、あるいはその両方である。いずれにしても金融政策やマクロ経済政策の成果ではない。なおこの点に関しては、第2章で詳しく取り上げる。

質の低い弁護論は矛盾によって謎を作り出す。けれども、謎を作り出しても、謎を解決してくれないのである。

2　停滞する日本経済

低い経済成長率

アベノミクスは二％の物価上昇、二％の実質ＧＤＰの成長、三％の名目ＧＤＰの成長を公約した。このうち実質ＧＤＰの成長率は経済成長率と見なされる。デフレ脱却は経済成長のための手段であろう。浜田(二〇一七)は日銀がデフレ脱却に失敗したのを見て、デフレ脱却は雇用回復などの手段であって、それ自体としては目標ではないと述べた。この考え方は正しいと筆者も考えるが、目標をたてることと、それを実現することは同じではない。アベノミクスは経済を回復させたのだろうか。

図1-1は一九九五年以降の実質ＧＤＰ増加率を図示したものである。

年ごとの増加率よりも中長期的な成長率の方が重要であろう。図には一九九五年からアベノミクスが始まる前の二〇一二年までの平均増加率と、五期に区分した平均増加率も示している。

今では失われた二〇年とも言われるが、この間の日本経済は同じように停滞が続いていたわけではない。本当の意味での危機的状況だったのは、金融危機があった一九九七―九九年、世

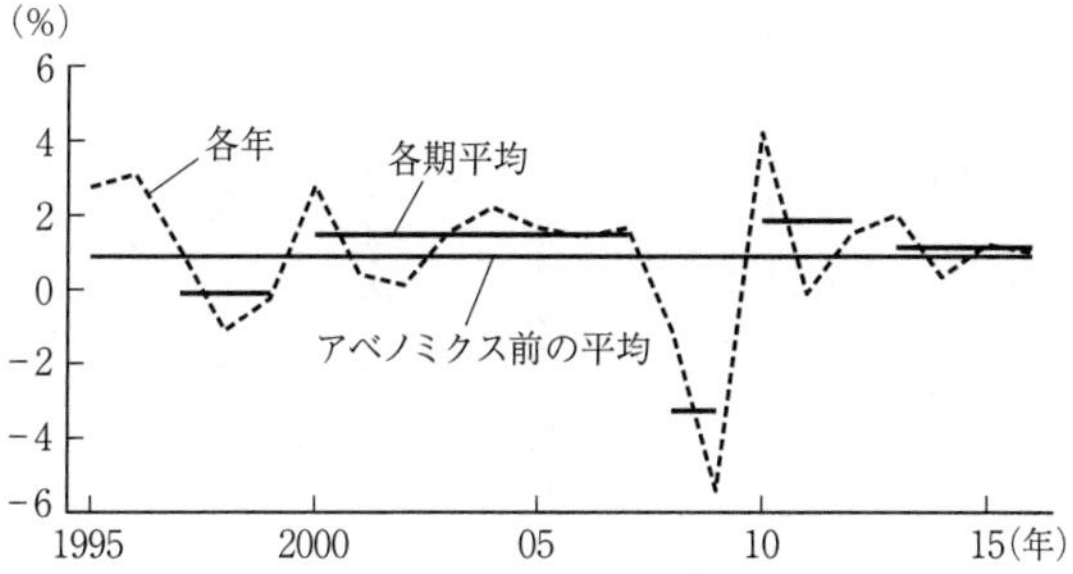

図 1-1　実質 GDP 増加率(1995–2016 年)

資料：内閣府ホームページ「四半期別 GDP 速報」
注：アベノミクス前の平均は，1995–2012 年の増加率の平均．各期平均は，1997–99 年，2000–07 年，08–09 年，10–12 年，13–16 年の増加率の平均

界同時不況期の二〇〇八―〇九年だけである。そこで、一九九七―九九年の金融危機期、金融危機後から世界同時不況前まで、世界同時不況期、世界同時不況後の回復期、アベノミクス期の五期に時期を区分した(バブル崩壊は一九九〇年から始まるが、現行のGDPデータはそこまでカバーしていないので、九七年の金融危機前は省略した)。

アベノミクス期の平均増加率は一・一%と低い。アベノミクスが始まる前の平均増加率〇・九%とさほど変わらない。しかも、この数字は金融危機期と世界同時不況期の数字も含んだものである。

二〇〇〇―〇七年までの増加率は一・五%、世界同時不況後の回復期も平均すれば、一・八%の増加率である。特に一〇年には世界同時不況の落ち込みの反動で四%の高成長を遂げた。一一年には東日本

大震災のためにマイナス成長になったが、一二年にはその反動で一・五％の増加を見せた。ところが、安倍政権が誕生すると、増加率は落ち込んだ。二〇一三年の増加率は二・〇％と比較的高かった。しかし、単年で二％の成長率だけでは成功とは言えないだろう。一四年の増加率は〇・三％だった。これは消費税増税後の反動減のためだとしても、一五年の増加率も一・二％である。続く一六年も一・〇％と、一五年よりも増加率が下がっている。

これでは決して成功とは言えないだろう。

世界同時不況後は高成長

図1-2は二〇〇七年以降の四半期ごとの実質GDPと名目GDPを図示したものである。アベノミクスが始まってからの経済成長率は比較的高く、それがアベノミクスへの期待を高めていた。けれども、高い成長が続いたのは、半年程度である。一三年第四・四半期にはマイナス成長となっている。一四年第一・四半期には実質GDPは大きく増加した。しかし、これは単に駆け込み需要の結果であり、その分、第二・四半期の落ち込みも大きかった。

金融政策の政策効果が発揮されるためには最低でも半年の時間がかかろう。特に日銀の新体制が発足したのは、一三年三月のことである。一三年前半の高成長がアベノミクスの成果、い

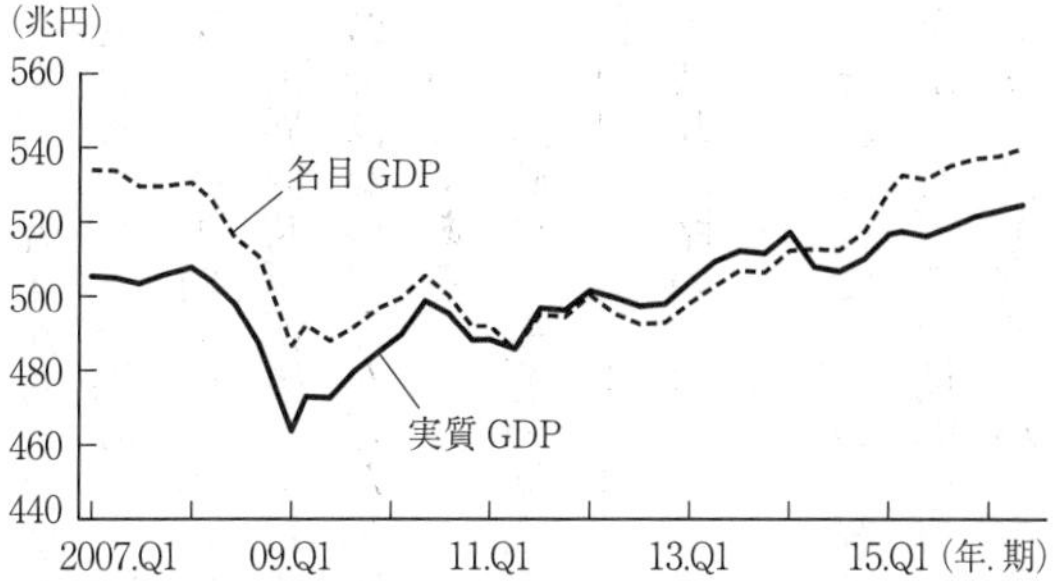

図 1-2　実質 GDP と名目 GDP(2007 年第 1 四半期－16 年第 4 四半期)

資料：内閣府ホームページ「四半期別 GDP 速報」
注：季節調整値．実質 GDP は 2011 年基準

わんや金融政策の成果ということはあり得ない。

仮に金融政策が成果を発揮したとすれば、一三年後半には経済成長率が上昇していくであろう。ところが、実際には住宅や耐久財消費では消費税増税前の駆け込み需要が生じていたはずなのに、一三年後半から経済停滞が始まっていた。この事実はアベノミクス、異次元緩和が機能していなかったことを示すだろう。また消費税増税が経済成長を挫折させたのではないことをも示している。

一二年五月から六月にかけて、ギリシア危機が再燃し、ギリシアのユーロ離脱も懸念されていた。それを受けて輸出が急減した。しかし、秋から危機が和らぎ、円安が進行した。安倍政権の誕生時には、円高是正と景気回復が始まっていたのである。一三年前半の比較的高い成長率はその結果である。

世界同時不況期後の状況も見てみよう。世界同時不況期には経済が大きく落ち込んだ。けれども、〇九年からは高成長が一年半も続いた(それでも、元に戻ったわけではない)。東日本大震災があった一一年第一・四半期は大幅なマイナス成長だった。この時も、V字回復を見せる。第三・四半期には年率九%を超える経済成長だった。

世界同時不況後、東日本大震災後と比べれば、二〇一三年前半の経済成長率は決して高いものではない。たかだか半年程度、この程度の成長率を示したくらいでは、決して成功とは言えないのである。

金融政策は需要の拡大を通じて、生産を拡大させる。生産が拡大し、労働市場が需要超過に傾けば、賃金も上昇する。賃金が上昇すれば、物価上昇へと波及する。金融政策の物価上昇への波及経路の一つがこの経路である。少なくともこの経路に関する限り、あまり機能していない。

それだけではない。経済の回復に関する限り、世界同時不況からの回復期の方が、遥かに大きかった。この期間は自民党政権の末期のわずかな期間を除くと、民主党政権時代である。つまり、民主党の方が日本経済を遥かに回復させていたのである。

ただし、筆者は経済が大きく回復した理由は、日本経済が大きく落ち込んだこと自体にあると考えている。経験則として、経済が落ち込んだ後は成長率が高くなることが多い。しかし、金融危機をともなう不況は例外で、この時には落ち込みは大きくなるが、回復は遅くなるのが一般的である。

後の第5節で示すように一九三〇年代日本の高橋財政でも、アメリカのニューディールでもV字回復である。ただし、大きな落ち込みの後は、V字回復が生じても、落ち込みが大きいがゆえに元に戻るまでには時間がかかる。したがって、成長の実感が持てず、国民に不満が残りやすい。

経済がなかなか回復しない言い訳として、二〇年にもわたるデフレと停滞がその原因だという主張がしばしば見られる。他方、アベノミクスの成果として、失業率が低下し、労働市場はほぼ完全雇用の状態にあることをあげる。しかし、二〇年を超える長期停滞後に、三年程度の低成長で完全雇用が実現できるとは、奇妙な話であろう。

事実は正反対であって、二〇〇八年の金融恐慌前のいざなみ景気と、金融恐慌後の回復期に経済が回復し、ほぼ完全雇用が実現したのである。そして、ほぼ完全雇用が実現したために、経済成長の余力がなくなり、現在の低成長が生じているのである。

名目GDPの成長は円安と原油安の結果

図1-2には名目GDPも図示している。アベノミクスが始まる前には、デフレのために、名目GDPの増加は実質GDPの増加よりも遅れていた。しかし、アベノミクス期は全体的に名目GDPの方がより大きく増加している。ただし、平均的な増加率は二%を少し超える程度で、三%の目標には達していない。

安倍首相は、一五年九月、アベノミクスの新三本の矢を発表した。その第一は名目GDPを、二〇二〇年頃までに六〇〇兆円まで引き上げるというものであった。もっとも、従来の目標だった名目三%の成長を続けていれば、この目標は達成できるはずだった。

新三本の矢の発表時点では、一五年第二・四半期の名目GDPまでが公表されていた。ところが、順調に年率三%の成長を続けていた場合と比べて、この時点での名目GDPは九兆円も過小である。しかも消費税増税は名目GDPを七兆円も押し上げているから、これがなければ、名目GDPの過小は一六兆円となる。この時点でも目標達成は難しいと普通の人ならば考えるであろう。

一六年一一月に公表されたGDP速報では、一六年第三・四半期には過小額が二三兆円に膨らんだ。これでほぼ目標達成は絶望的となった。

けれども、ＧＤＰ統計の見直しが行われ、一六年第三・四半期の名目ＧＤＰが三二兆円も増加した（本書では、断りのない限り、見直し後の数値を使用している）。加えて、アベノミクス期の名目ＧＤＰの増加率が全体的に上昇した。統計の見直しによって、名目ＧＤＰの目標達成に可能性ができたが、こうした方法での目標達成は本当の目標達成とは言えないだろう。

これとは別に、アベノミクス下でなぜ名目ＧＤＰが増加したのかが大きな問題である。安倍政権の誕生前には、一ドル＝八〇円だった為替レートが、一時期には一二〇円程度まで円安にシフトした。

急速な円安は輸出価格を引き上げることを通じて、名目ＧＤＰを増加させる。輸入価格はＧＤＰのマイナス項目なので、輸入価格の上昇は名目ＧＤＰを減少させる。しかし、企業は輸入原材料の価格が上昇すると、その一部分を製品価格に転嫁するであろう。そのため、差し引きすると、名目ＧＤＰは増加する。

加えて、二〇一四年後半から、世界的に原油価格が急落した。これも輸入価格の引き下げを通じて、名目ＧＤＰを増加させる。

為替レートは変動が著しく、予測が難しい。実際、一六年一一月にトランプが大統領に当選すると、再び大幅に円安に動いた。しかし、一七年一月以降、トランプが管理貿易的なことを言い出すと、円高が進み、株価も少し下がっている。今後、急速な円安によって名目GDPが増加する可能性を筆者は否定しないが、それがない限り、名目GDPも目標達成できないと考えている。

消費税問題

物価上昇だけでなく、実体経済も目標達成とはほど遠い。この経済停滞の中で政府・日銀はその責任を外的要因に転嫁する。

転嫁先の一つが消費税増税である。しかし、大きかったのは消費税増税前の駆け込み需要であって、反動減ではない。

二〇一四年六月初めに、筆者は『アベノミクスの終焉』(服部、二〇一四)の執筆を完了した。その頃のマスコミ報道では、消費税増税前の駆け込み需要も、反動減も少なく、経済はこのまま順調に進むという意見が多かった。けれども、筆者は研究を進める中で、経済成長は二〇一三年後半にはすでに低迷していることを見いだした。

しかも、低迷する経済を支えていたのは、政府支出、耐久財消費、住宅投資であった。消費税増税後、耐久財消費と住宅投資が急減することは目に見えていた。政府支出も停滞すると日本の政府自身が予測していた。それに基づいて前著では、一三年度の経済成長のパターンは持続しないと書いた（服部、二〇一四、二二―二四頁）。

ただし、前著の図１‐５（二二頁）にはデータの計算ミスがあった。その結果、アベノミクスが始まってからの耐久財消費、民間住宅投資の伸びが小さくなり、その分、その他の伸びが大きくなる。けれども、結論は大きくは変わらない。ミスについては陳謝する。

筆者は二〇一四年第一・四半期の経済成長率の大幅プラスの反動によって、第二・四半期の経済成長率は大幅マイナスになると考えた。八月のＧＤＰ速報でそれが分かると、マスコミの論調も大きく変わると思っていたし、そうなった。前著の刊行は八月下旬であった。この出版のタイミングもまた、そうなることを予測してのものだった。予測は当たったが、それは日本経済にとっては不幸なことであった。

日銀（二〇一六ａ、四頁注）の試算によっても、消費税増税の効果が限定的だったことは裏づけられている。消費税増税前の駆け込み需要により、二〇一三年度の経済成長率は〇・八％引き上げられた。反動減によって一四年度の経済成長率は一・三％引き下げられたと試算した。ネットのマイナス効果は〇・五％にすぎない（先述したように、ＧＤＰの基準は改定されているから、改訂後の数字では効果は多少変わっているかもしれないが、推計の誤差の大きさと比べるとそれはわずかであろう）。

さらに一三年度には政府支出によって経済成長率が〇・八％押し上げられている。すなわち、駆け込み需要と政府支出を除くと、成長率は一・〇％であって、並レベルとなる。政府支出の乗数効果や、設備投資の駆け込み需要を考慮すると、さらに数字は下がるであろう。

日銀の積極的な金融緩和によって復活した経済が消費税増税によって腰折れしたという俗説は、駆け込み需要と政府支出の効果は無視するが、消費税増税後の反動減は考慮するという歪んだ経済分析の結果なのである。

それだけではない。マスコミと一般の人々が経済停滞を理解するようになっても、最後まで消費税増税の効果が限定的だと言い続けていたのは、政府と日銀である。実際、二〇一四年八月の「月例経済報告」（内閣府、二〇一四）の景気判断は「景気は、緩やかな回復基調が続いており、消費税率引上げに伴う駆け込み需要の反動も和らぎつつある」である。

さらに驚くべきことがある。一五年二月の講演で、岩田（二〇一五a）は「昨年四月の消費税率引き上げに伴う駆け込み需要の反動の影響は依然一部に残っていますが、全体としては、そうした影響も和らいでいます」と述べた。「雇用・所得環境の着実な改善に支えられ、個人消費は基調的には底堅く推移しています」とも述べている。

ところが、五月の講演では、「一九九七年四月に消費税率が三%から五%へと引き上げられた時と比べて、その影響の度合いはさほど大きくならないとみられていました」。「しかし実際に生じた影響は、大方の予想よりも大きく、かつ長引きました」(岩田、二〇一五b)と、正反対のことを述べた。予想が外れたのが分かると、間違えたのは自分ではなく、「大方の人々」だと言い出したのである。

もっとも、先述したように、増税の効果が限定的だということ自体は間違っていない。消費の基調は消費税増税以前から低迷していたが、駆け込み需要の結果、消費が増加した。そのため、消費が順調に伸びていると大方の人々が勘違いした。増税後は駆け込み需要がなくなった結果、消費の基調が低迷していることが露わになった。こう言えば正解である。

後の図1-5を見れば分かるように、異次元緩和の開始後、輸入インフレの結果、雇用者報酬は実質では低下した。税と社会保障費の負担増のために、家計の実質可処分所得はさらに落ち込んだ。消費税増税の結果、両者はさらに落ち込んだ。物価上昇に賃金上昇が追いついていないというのは、当時の「大方の人々」の認識であっただろう(ただし、その後、輸入インフレの解消とともに両者は増加に転じている)。それに岩田は触れていない。

普通の人々の間違いを正すことが専門家の役割の一つである。ところが、岩田は普通の人々が間違いに気がついたかなり後になっても、まだ間違いに気がつかなかった。間違いに気がつくと、間違ったのは大方の人々だと言い出して、責任を転嫁する。これで専門家の役割をはたしていると言えるだろうか。

世界経済は停滞しているのか

もう一つの責任転嫁先が外国である。日銀も、デフレ要因として、新興国の経済の低迷をあげた。

世界的な危機の後、新興国、特に中国などのアジアの新興国はいち早い回復を見せた。その新興国の経済成長率が、最近、落ち始めていることは確かである。しかし、アジアの新興国・途上国の成長率はそれでも比較的堅調である。

さらに、回復が遅れていた先進国の経済が回復し始めている。アメリカでは経済の回復を受けて、連邦準備制度理事会（FRB）が利上げを行った。ユーロ圏でも経済回復が始まっている（後の図1-9も参照）。特に南欧や東欧などの周辺国の成長率が高い。もっとも、大きな落ち込みの後であるから、南欧は成長率が高くても、危機前の水準と比べると、まだまだ低いことは忘れてはならないだろう。さらに、ギリシアは未だに経済が回復に向かっていない。

ここ数十年、世界経済の最悪の危機が、二〇〇八年の金融恐慌だったことは誰も疑わないであろう。さらに、〇九年の終わりからユーロ問題が生じた。一一年には東日本大震災と原発事故が生じた。アベノミクスが始まる前の世界と日本の経済は危機の連続だった。こうした一連の危機と比べると、現在の外的環境は遥かに恵まれている。

二〇〇八年の金融恐慌後、「ニュー・ノーマル」という言葉が生まれた。恐慌前の世界では異常事態だったことが恐慌後の世界では普通になっているということである。現在の世界経済は恐慌前の基準では低成長であっても、「ニュー・ノーマル」の中では相対的に良好な状態なのである。

二〇一二年には八〇〇万人ほどだった訪日外国人数は急増し、一六年はついに二四〇〇万人となった。増加のほとんどがアジアの近隣諸国である。訪日外国人の急増も政府が誇る成果の一つである。それが正しいとしても、こうした訪日外国人の急増自体が世界とアジアの近隣諸国の経済がリーマン・ショック前どころか、順調に成長をしている証拠なのではないのだろうか。

訪日外国人の中で特に急増したのが中国人である。かつての中国は一〇%を超える高成長を続けていた。それと比べると現在の中国は低成長だろう。けれども、一〇%を超える経済成長の方が異常であった。話題の「爆買い」、「爆ツアー」は現在の中国も高成長を続けていることを示しているだろう。

3 機能しない異次元緩和

輸出

一般的に経済の停滞の原因は需要の停滞にある。そして、異次元緩和は需要創出に失敗したから機能しないのである。今では経済が停滞していることも、その原因が消費と輸出の停滞にあることも、消費が伸びない原因が賃金と所得の伸び悩みにあることも、「大方の人々」の認識であろうし、筆者もそれに賛同する。

しかし、岩田を始めとしたリフレ派は日銀の金融緩和によって円安が生じれば、輸出が増加すると論じてきた。デフレが脱却できれば、賃金が実質でも増加し、消費が増加すると論じてきた。輸出や消費が伸びないのも、岩田の公約が破られている結果である。

時系列からすると、公約破りの始まりが輸出の停滞である。図1-3は実質輸出入と円ドル・レートを図示したものである。

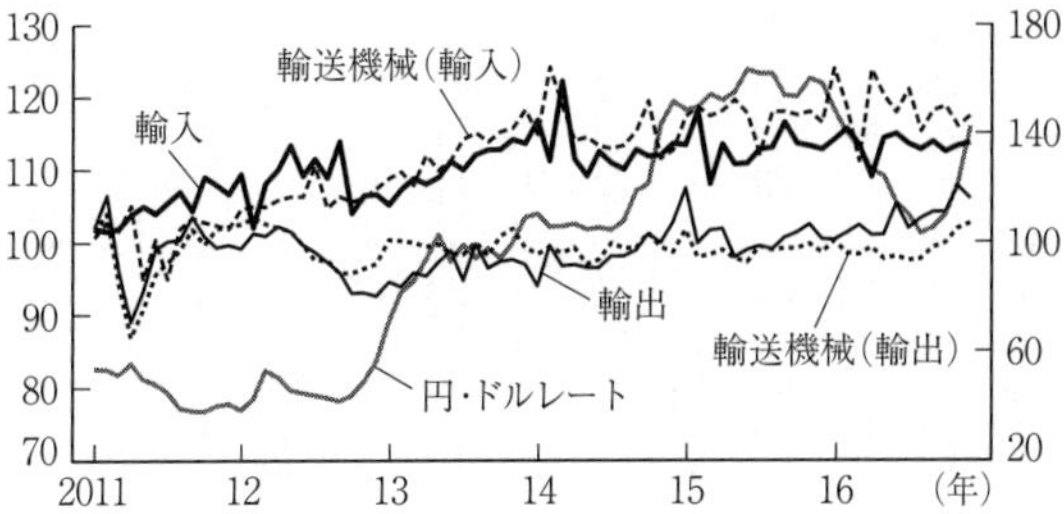

図 1-3 実質輸出入，輸送機械の輸出入数量(2011 年 1 月 - 16 年 12 月)

単位：円ドル・レートは円

資料：日銀ホームページ，経済産業省ホームページ「鉱工業出荷内訳表」「鉱工業総供給表」

注：輸送機械(輸出)，輸送機械(輸入)は右目盛り．他は左目盛り．円ドル・レート以外は 2010 年を 100 とする指数，季節調整値

日銀副総裁に就任した時、岩田(二〇一三a、六二―六五頁)は日本が世界貿易で勝てない原因は円高にあると論じている。

そして、アベノミクスの下で急速に円安が進んだ。政府・日銀は、民主党時代の円高が解消したことを、アベノミクスと金融政策の成果だと主張した。もっとも、実際には円安への流れが生じたのは、一二年一〇月からであり、安倍がアベノミクスを提唱する前からのことである。また、一六年には、一ドル＝一〇〇円まで急速に円高に反転した。

日本は世界最大の債権国であるが、その名目金利は世界最低水準である。そのため、世界経済が順調な時には外貨需要が増加し、円安になる。逆に世界経済が不調な時、動向が読めない

時には、日本に資金が戻ってくるために、円高になると言われている。これに比べると、金融緩和の為替レートへの効果は、筆者はそれほど大きくないと考えている。

それを脇に置いても、円安政策は輸出の拡大のための手段であって、目標にはなり得ない。図が示すように、円安の進行にもかかわらず、数量では輸出は思ったほど伸びなかった(多少は伸びている)。輸出が伸び悩んでいることは、今では日銀自身も認めるところである。逆に二〇一三年には円安にもかかわらず、輸入が急増した。一四年以降は、輸入も停滞しているが、これは経済停滞の結果であって、望ましいものではない。

一六年に入ると、一ドル=一二〇円の為替レートが一〇〇円まで急上昇した。ところが、この急速な円高の中で、輸出はむしろ速いペースで拡大し、輸入は従来と同じように停滞した。為替レートの変動は上下ともに、輸出入には大きな影響を与えていないのである。しかも、輸出が増加したといっても、二〇〇八年のピークまで未だに到達していない。

一般的に円安は輸出価格以上に輸入価格を引き上げる。数量効果が小さいか、ない場合、円安が進行すると、貿易赤字が拡大するはずだし、実際にもそうなった。逆に二〇一六年には、原油安、経済の停滞に、急速な円高が加わったことによって、貿易収支は一〇年以来の黒字となった。

これまで輸送機械と電気機械が日本の輸出の中心だった。しかし、最近はシャープ、東芝の凋落が象徴するように、電気機械は振るわない。他方、輸送機械は好調である。トヨタの最終利益は日本企業として初の二兆円超えを達成した。

そこで、図には輸送機械の輸出入も図示している。好調と思われている輸送機械でも、輸出は停滞している。他方、輸入は急増した。図には示していないが、世界同時不況後の、輸送機械工業の生産のピークは、二〇一二年初めである。一六年末の数字はこのピークには及ばない。

そもそも安倍政権前の円高といっても、消費者物価で調整すれば、日本の為替レートの水準は一九八〇年代半ばの水準である。急速な工業化が進む東アジアの新興国の主たる武器は低賃金である。先進国の日本が対抗するには、彼らに作れない物を生産するか、円安によってドルで換算した時の賃金を引き下げるかの二つの道があった。

リフレ派は後者の道を選択したが、かなりの円安でも、彼らの低賃金とは対抗できなかったのである。肝心の技術力でも、韓国、台湾、中国のメーカーは、日本のメーカーにかなりの程度近づいてきていると言えるのではないのだろうか。結局、急速な円安でも日本企業は世界貿易で勝てなかった。

すると、次なる手としては、さらなる円安を追求するか、他の方策を志向するかということになる。実際にはいずれの方策もとられた形跡がない。こうして円安による輸出促進政策は中途半端な形で終了する。

ただし、円安は輸出価格を引き上げ、輸出企業の利益を急増させた。今では日本企業も多国籍化が進んでいる。海外工場での利益が外貨建てでは同じであったとしても、円安になると日本円建てでは急増する。このように、生産は停滞していても、名目効果によって輸出企業は多大な利益をあげた。自動車会社の利益急増もその結果である。なおこの点に関しては、第4章第1節で詳しく論じる。

消費活動指数も低迷

消費はGDPの六割を占める最大の項目である。しかし、その消費が振るわない。

家計の所得と消費の分析は、従来、「家計調査」を使って行われてきた。「家計調査」を使えば、アベノミクスの下で、家計の可処分所得が低下し、消費も停滞したことが簡単に分かる。これに対して、政府や日銀は「家計調査」のサンプルが偏っているために、実態を示していないという批判を行った。こうした批判を受けて、消費活動指数が新しく日銀によって作られた。以下では日銀提供の消費活動指数を使って、消費の停滞ぶりを明らかにする。

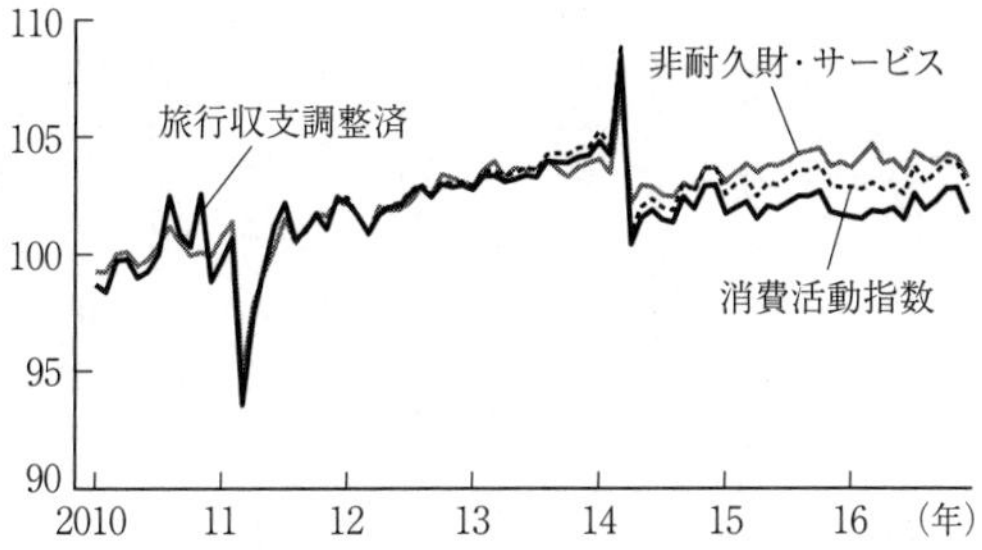

図 1-4　消費活動指数（2010 年 1 月 − 16 年 12 月）
資料：日銀ホームページ「消費活動指数」
注：実質，2010 年を 100 とする指数，季節調整値

図1−4は消費活動指数を図示したものである。世界同時不況からの回復にともない、アベノミクスが始まる前からすでに、消費活動指数は上昇していた。二〇一一年三月に東日本大震災が生じると、消費活動指数は急減したが、すぐに元の水準に戻り、その後も上昇を続けている。アベノミクスが始まってからも上昇しているが、上昇のペースが加速したわけではない。

消費税増税前の駆け込み需要により、一四年三月に消費活動指数は急上昇したが、四月は反動で急低下する。その後、反動減が和らいだために、九月までは上昇した。しかし、その後は停滞が続く。一六年一二月の数値は急減したために、安倍が首相に就任した一二年一二月よりも小さくなっている。

さて、消費活動指数には外国人旅行者などの消費も含まれている。それを省いたものが旅行収支調整済指数である。

旅行収支調整済指数では一四年後半以降の停滞ぶりが一層露わになる。一六年一二月の数値は、一一年後半から一二年前半の数値と同じか、それをむしろ下回る。

外国人の消費は増加していても、日本人の消費は停滞しているのである。安倍政権は一般的に中国に敵対的だと考えられている。その政権が主導するアベノミクスが中国人の爆買い、爆ツアーによって支えられているとは皮肉なことである。

さて、二〇〇八年の世界同時不況後、エコ・ポイントなど(一部の)耐久財の消費を活性化させる政策がとられた。こうした政策がとられた時、耐久財消費は急増するが、政策終了とともに急減するということが繰り返されている。消費税増税前も耐久財の消費は急増したが、消費税増税後には急減し、その後も停滞が続いている。

そこで、非耐久財とサービスだけに限定した指標を作成した(この指標には外国人の消費も含まれる)。非耐久財・サービスの指数では、東日本大震災の時期を除けば、一二年まで順調に増加していた。

ところが、一三年初めからその伸びが緩やかになる。特に後半はほぼ横ばいである。一四年三月には、駆け込み需要によって急増したが、四月には反動減で大きく落ち込んだ。その後は緩やかな回復が続くが、一五年半ば以降は停滞が続く。むしろ、微減と言ってもよいだろう。

一六年一二月の数値は、一二年一二月を少し上回るが、一〇月を下回る。

前著『アベノミクスの終焉』（服部、二〇一四、二四―二七頁）では、「四半期別ＧＤＰ速報」のデータを使って、消費税増税以前から非耐久財とサービス消費では停滞が始まっていたことを明らかにした。日銀提供の消費活動指数を使っても、耐久財の急増という要因を省けば、消費の停滞は消費税増税前から始まっていたことが分かる。

こうしたことをいちいち指摘するまでもなく、消費が停滞し、それが経済の回復を妨げているということは、今やマスコミでも常識になっているだろう。

ところが、二〇一六年八月の講演で、岩田（二〇一六ａ）は、賃上げの動きが広がる中で、「個人消費は底堅く推移していますが、このところ一部に弱めの動きもみられています」と述べる。「先行きについては、雇用者所得がしっかりと増加していることを踏まえると、金融市場が落ち着きを取り戻す中で、個人消費は持ち直していくものとみています」とも述べている。

その四カ月後の一二月には、「個人消費は、足もとでは、台風などの天候要因も受けつつも、横ばい圏内の動きとなっています（図表５）」と述べた。一二月の講演において、下方修正したのは当然として、それは天候要因という一時的な要因によると主張したのである。

岩田が図表５で用いるデータは、実質消費活動指数（旅行収支調整済）と、実質家計最終消費支出（ＧＤＰベース、持ち家の帰属家賃を除く）である（本書の図１―４、図１―５参照）。いずれも消費税増税後の反動減で急減し、反動減の影響が弱まるにつれて回復する。そして、一五年以降は上下動を続けながら、全体としては停滞が続く。

本書の図１―４、図１―５を見れば、二〇一六年後半の消費は、アベノミクス前とほとんど変わらないか、むしろ減少していることが分かる。消費停滞の一部は消費税増税の結果だろう。けれども、増税による反動減と反動減の反動が一巡した一五年以降の消費停滞の原因は消費税増税では説明できないであろう。岩田はこの四年間、もしくは二年間、天候不順が続いていたとでも言うのだろうか。

家計所得と消費の停滞

一九九七―九八年の金融危機以降、賃金と家計の所得はトレンドとして減少を続けていたこともよく指摘される。例えば、岡田（二〇一三、五二―五四頁）も「家計調査」を使って、可処分所得が名目、実質ともに大きく低下していることを指摘した。岡田によると、こうした所得の減少をもたらしたのも日銀が金融を緩和させずに、デフレが続いているからである。

このようにリフレ派は賃金と家計の所得の減少も日銀の失政の結果だと言ってきた。加えて、

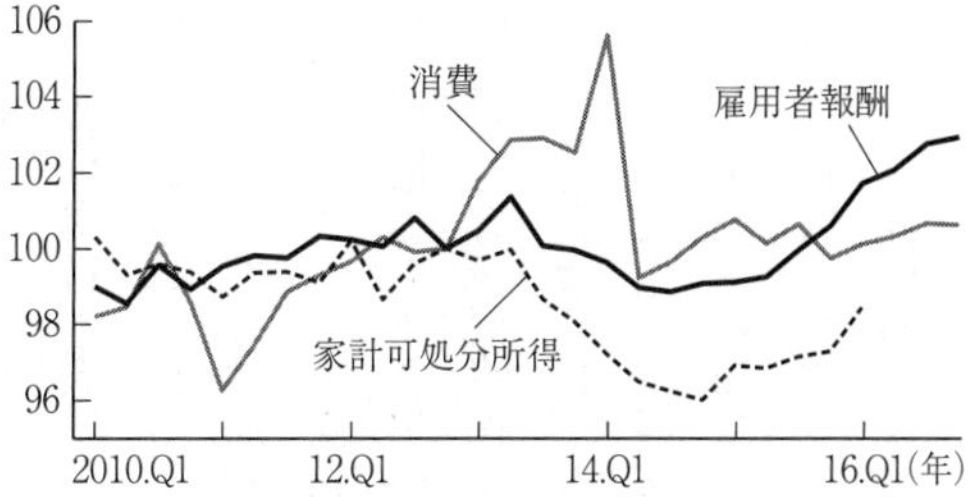

図1-5　家計可処分所得，雇用者報酬，消費(2010年第1四半期－16年第4四半期)

資料：内閣府ホームページ「四半期別GDP速報」「2015年度国民経済計算」

注：実質，2012年第4四半期を100とする指数，季節調整値．家計可処分所得は純，持ち家の帰属家賃を除く，2016年第1四半期まで．消費は持ち家の帰属家賃を除く

賃金上昇なくしてデフレ脱却なしということは、アベノミクスが始まった時から安倍首相自身が言っていた。

図1－5では家計可処分所得、雇用者報酬、消費の実質値の推移を図示した。雇用者報酬は実質ではアベノミクスが始まるまでは、弱いながらも増加傾向だった。ところが、アベノミクスが始まると、大きく減少した。その最大の理由は円安による輸入インフレである。そのため、原油安や円高によって、輸入インフレが収束すると、実質雇用者報酬は増加に転じた。

家計可処分所得はアベノミクスが始まるまでは停滞していた。アベノミクスが始まると、家計可処分所得は、雇用者報酬以上に急減した。一五年に入ると、家計可処分所得も増加に転じるが、未

だに元に戻っていない。雇用者報酬以上に家計可処分所得が急減したのは、税金と社会保障費の負担が増加したためである(社会保障の給付はあまり増加していない)。

消費は東日本大震災時に急減した後、増加に転じた。アベノミクスが始まってからもその傾向に変わりはなかった。二〇一四年第一・四半期に消費税増税前の駆け込み需要で急増した後、第二・四半期には反動により急減した。その後の回復は遅い。

アベノミクスの支持者は現在の消費停滞は消費税増税の結果だと言う。同時に安倍や浜田は税収の増加もまたアベノミクスの成果だとする。消費税増税が消費を減らすということが正しいとしても、消費税以外の税負担や社会保障費の負担増は消費を減らさないのだろうか。

先述したように、リフレ派は賃金が下がるのもデフレのせいだと論じてきた。アベノミクスによって賃金が上昇すると約束した。実際には、アベノミクスが始まる前には、実質で見れば、雇用者報酬は増加していた。家計可処分所得は横ばいである。ところが、アベノミクスが始まると、輸入インフレにより、賃金と可処分所得は急減する。一五年以降、両者が増加し始めるのも、原油価格の急落と円高によって輸入インフレが終わったからである。ここでも理論の主張するところと、現実が正反対である。

多くの家計は労働をして、報酬を得て、それで消費をしている。輸入インフレによって雇用者報酬と家計可処分所得が減少すれば、消費も減少するのは当然の話である。その意味で、円安による輸入インフレは消費を削減させたと筆者は考える。

けれども、物価が上昇すると、実質所得が減少するのは当たり前の話である。もともと、デフレを脱却すれば賃金と所得が実質で増加するという話に根拠がなかったのである。

さて、リフレ派が範とするアメリカでは、括弧つきの「経済回復」にもかかわらず、中位の労働者の実質賃金と、中位の家計の実質所得はむしろ減少している。それどころか、賃金と所得は四〇年にわたり停滞が続いているのである。中間層の没落が二〇一六年のトランプ大統領当選の原因だったことはよく指摘されているし、筆者もそれに賛同する。

アメリカに倣った政策を実施する。その結果、アメリカと違い、日本では賃金と家計可処分所得が実質でも上昇する。なぜそのようなことになると言えるのか、筆者には理解できないことである。

広がる節約志向

大部分の国民は労働して給与をもらい、それを消費に当てている。だから、輸入インフレによって給与が目減りし、税金や社会保障の負担によって、さらに実質可処分所得が減少している状況では、消費が停滞するのは当たり前と言える。けれども、消費停滞はそれだけが原因ではない。二〇一五年以降、所得の回復にもかかわらず、消費が停滞し、消費性向(消費の可処分所得に対する比率)が急低下した。家計が節約志向に走っていることはよく指摘されている。

二〇一六年のエンゲル係数(消費支出のうち食費が占める割合)が、一九八〇年代後半のバブル期以来の高水準を示したことも話題となった。もっとも、エンゲル係数は二〇〇〇年代半ばから上昇傾向が続いていた。けれども、それはわずかであった。またエンゲル係数の高い老年世帯の増加によるところが大きかった。しかし、一六年にはほとんどの世代でエンゲル係数は急上昇した。

アベノミクスが始まってから、食料価格が急上昇した。食料は人間が生きていくために不可欠だから、価格が上昇しても、購入量を大幅に減らすことは難しい(多少減ることはあり得る)。こうして食費が増加すると、エンゲル係数は高まることになる。

しかし、食費の負担が重たくなった家計はそれ以外の支出を節約するであろう。図1-6は食費以外の消費性向(食費以外の消費の可処分所得に対する比率)を世帯主の年齢別に図示したものである。

勤労者世帯全体では、二〇〇〇年以降、消費性向はわずかであるが上昇傾向にあった。それ

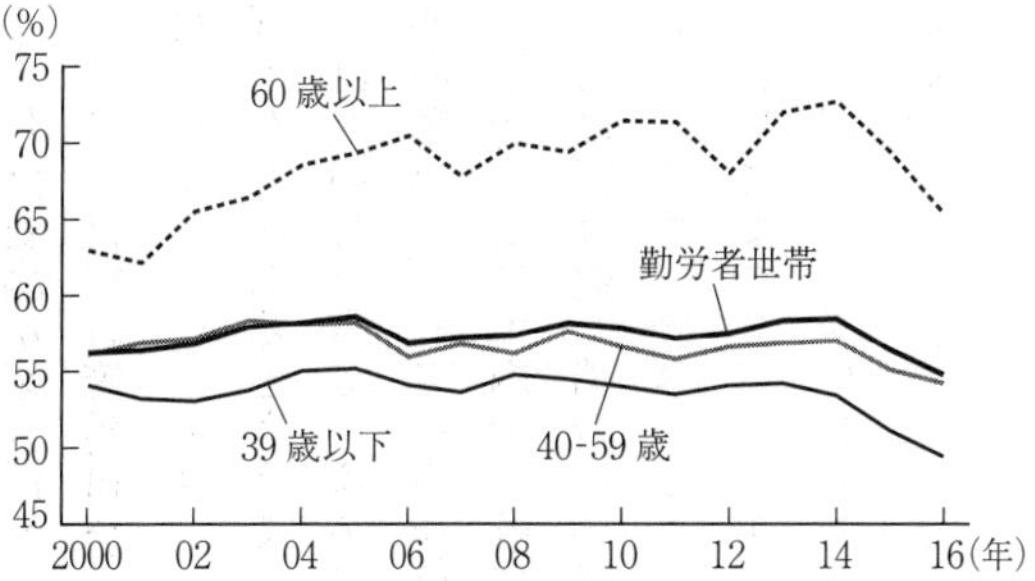

図1-6　世帯主の年齢別勤労者世帯の食費を除く消費性向（2000–16年）

資料：総務省ホームページ「家計調査」
注：2人以上の勤労者世帯

が、一五年からは大きく低下している。世代別に見ると、若者世帯と中高年世帯では、〇〇年以降、安定していた。六〇歳以上の老年世帯では上昇傾向だった。ところが、一五年以降は、いずれについても大きく低下した。

ところで、『経済財政白書』（内閣府編、二〇一六、二七―三三頁）は、消費の停滞の原因として、消費税増税による需要の先食いにより耐久財消費の需要が停滞していることと、将来不安により若者の間で節約志向が広がっていることをあげている。その他に、安定収入が少ない高齢者の無職世帯でも消費が抑制されていると論じている。

家計の節約志向は、おそらく複合的な要因の結果だと筆者は考えている。消費活動指数を見ても、耐久財消費の回復が遅れていることが分かる。安定的な所得が少ない無職世帯の消費が抑制されることも、常識的に考えて当然であろう。だから、筆者はこうした要因が家計消費を抑制したことは否定しない。

さて、日銀政策委員会の審議委員の木内登英(二〇一六)は、消費の伸びが停滞していることについて、二〇一六年二月の講演で、「消費者によるインフレ実感の高まりや賃金上昇期待の低さなどがあると考えています。特に、昨年春頃から食料品や日用品の価格引き上げが広くみられている一方で、賃金の伸びが緩やかなものに止まっており、これらが消費者心理に相応の悪影響を及ぼしている可能性があるとみています」と述べている。

筆者はこの木内の見解にも賛同する。これまで金融緩和のみならず、財政政策も景気対策のために繰り返し消費を刺激してきた。ところが、肝心の実質賃金と実質可処分所得の伸びは緩やかだった。アベノミクス下では物価上昇のために、実質可処分所得は大きく低下さえした。

政策によって、消費が一〇増加したとしよう。この効果が息切れして、元に戻ると統計的には消費が一〇減少したことになる。所得の増加を伴わない消費刺激策の息切れが家計の節約志向の最大の要因だと筆者は考えている。

住宅ローンの負担仮説

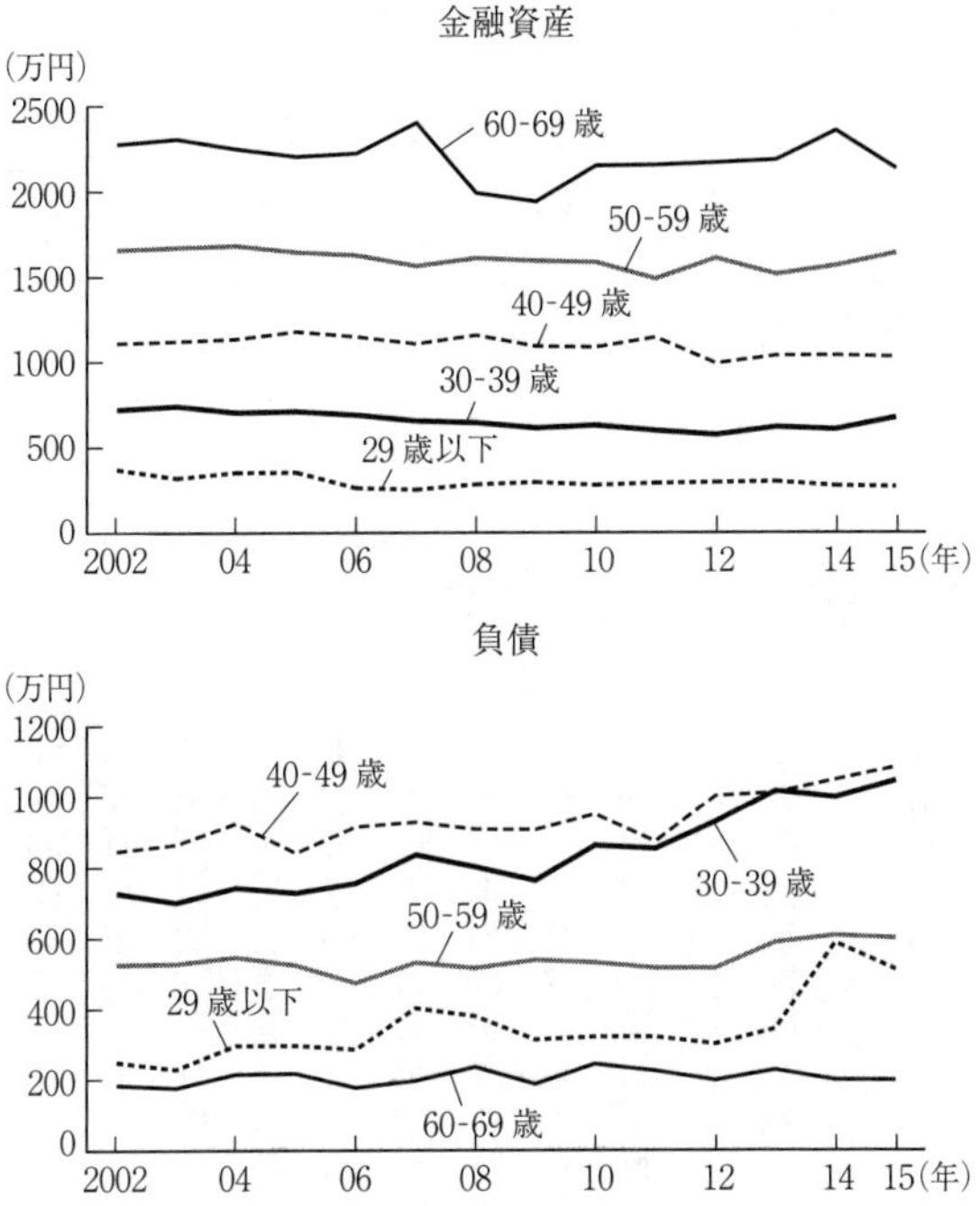

図 1–7　世帯主の年齢別世帯の金融資産と負債(2002–15 年)
資料：総務省ホームページ「家計調査」
注：2 人以上の世帯

ただし、筆者は将来不安仮説については懐疑的である。若者が将来不安のために節約を行っているならば、若者世帯を中心に負債が減少し、金融資産が増加しているはずである。そこで、図1―7では「家計調査」を使い、家計の金融資産と負債を世帯主の年齢別に図示した。

金融資産は中高年世帯ではほぼ横ばいである。それに対して、若者世帯

表 1-1　世帯主の年齢別勤労者世帯の消費性向

(%)

	平均	住宅・土地のための負債のある世帯				
		平均	500 万円未満	500–1000 万円	1000–1500 万円	1500 万円以上
2002–13 年の平均	73.8	66.6	71.9	69.7	67.2	63.9
2014 年	75.3	67.6	80.4	69.6	70.6	64.1
2015 年	73.8	65.4	72.6	68.1	65.6	63.2

資料：総務省ホームページ「家計調査」
注：2 人以上の勤労者世帯

では減少傾向にある。他方、負債は六〇―六九歳以外は増加傾向にある。特に若者世帯で大きく増加した。その結果、いずれの世代でも、純金融資産は減少傾向である(ただし、純金融資産が多い高齢者世帯のウェイトが増加しているために、平均では純金融資産は増加している)。しかも、若者世帯の減少が大きい。

実際には若者を中心に純金融資産を減少させているのである。本当に家計、特に若者世帯は節約をしているのだろうか。それは将来不安仮説に対する根本的な疑問である。

実は全ての家計が同じように消費性向を引き下げているわけではない。表1-1は住宅・土地のための負債の金額ごとの消費性向を表示したものである。

二〇一五年の世帯全体の消費性向は、一四年から一・四%も下がっている(表と計算が合わないのは端数のため)が、〇二―一三年の平均と同じである。これは、現在の節約が少なくとも部分的には、以前の消費刺激策の息切れの結果であることを示唆している。

住宅・土地のための負債がある世帯では、消費性向は、二〇〇二―一三年の平均よりも、一・二％も低下した。そして、住宅・土地のための負債の金額が大きい層ほど、基本的に平均消費性向の低下が大きくなっている。負債が五〇〇万円未満の世帯では〇二―一三年の平均を基準に考えれば、消費性向は逆に上昇している。負債が一五〇〇万円を超える世帯の消費性向の低下は緩やかであるが、この層は消費性向がもともと低い。

ライフサイクルを考えた時に、結婚し、子どもが生まれた若者が住宅を購入するために、住宅ローンを組み、それを返済していくというのが一般的だろう。住宅・土地のための負債を多く抱えている世帯が消費性向を大きく引き下げているならば、結果的に若者世帯の消費性向が大きく下がることになる。

さて、住宅ローン残高が増加するということは、それ自体として負の資産が増加するということである。さらに、家計は住宅ローンを組む前に、金融資産があればそれを取り崩すはずだから、間接的に金融資産も減少させる。こうした負の資産効果を通じて、住宅ローンの負担は消費を削減させる。また、住宅ローンを抱えている世帯は元利の支払いを毎月しなければならない。その分消費を節約しなければならないという話は、常識的に考えても当然であろう。

実際、表1-1を見れば、住宅・土地のための負債が大きい世帯ほど、消費性向は小さくなる。そのため、住宅ローンを抱える世帯が多くなれば、それだけで世帯平均の消費性向は低下する。

もっとも、住宅バブル期のアメリカでは、価格の高騰した住宅を担保にホームエクイティ・ローンを借りて、消費を行った。こうして住宅の資産価値、住宅ローン残高の増加と並行して、消費性向が上昇した。

けれども、日本では住宅を担保に借り入れて、消費を行うということは一般的には行われていない。また中古住宅市場の規模が小さな日本では中古住宅の建物としての担保価値は低いであろう。他方、一九九〇年頃までの日本では地価は下がらないという神話があり、土地の担保価値は高かった。しかし、人口減少社会である今後の日本では長期的には土地も値下がりしていくだろう。日本では住宅に関する資産効果は小さいであろう。

さらに、アメリカでもホームエクイティ・ローンを借りて消費を拡大できたのは、住宅バブルがあったからである。バブルが崩壊した現在では、バブル期に積み上がった住宅ローンを返済するために、家計は消費を削減し、それが経済回復を妨げている。アメリカでも一〇年か、それ以上の単位で考えれば、過大な住宅ローンの負担が節約を強制していると言えよう。あるいは所得増加をともなわない消費の拡大の行き詰まりが節約を強制したとも考えることができよう。

加えて、どのような層の世帯が住宅ローンを借りているかも重要である。金融緩和が継続されると、余裕のある人々が住宅ローンを借りて、住宅を所有するようになっても、まだ資金が余るということになる。このような時、より返済能力が低い人々にも、金融機関は融資を拡大させていくだろう。アメリカでも住宅バブルが進行するにしたがい、住宅ローンの中心が危険なサブプライム・ローンへとシフトしていった。このことも、金融恐慌後の消費節約を強化させている。

年功序列型の賃金システムの下で、相対的に所得が低い若者が、金利の低下した住宅ローンを借りて住宅を購入することは、合理的な選択なのかもしれない。それは日銀の方針とも合致していることだろう。けれども、住宅ローンは返済されなければならない。無理にローンを組んだ若者世帯は、返済のために貯蓄を増加させなければならなくなる。こうして消費が削減されることになる。

「家計調査」から、年齢別・総資産五分位ごとに勤労者世帯の可処分所得、消費、住宅・土地のための負債のデータを得ることもできる。年齢については二〇歳代から六〇歳代、資産は五分位ごとで、計二五のデータを使用した。これを使ってどの層の勤労者世帯が消費を増加させているかを分析しよう。

結果を示したのが、表1-2である。結果は常識的なものである。

可処分所得が増加すると、消費を増加させるが、その増加率は所得の増加率よりも低い。その結果、可処分所得の増加率が高かった層の消費性向は低下することになる。また二〇一四年の消費性向が〇七―一三年までの平均値よりも高い層では、消費の増加率が低くなっている。これは一五年の節約志向の少なくとも一部が、消費刺激策の息切れの結果であることを示唆している。

それに加えて、可処分所得に対する住宅・土地のための負債の比率が二〇一四年から一五年にかけて上昇している層ほど消費性向が低下している。有意性もかなり高い。

なお、住宅ローンの負担効果は、世帯主が若者の世帯に多く現れるであろう。そこで、年齢別に測定した検定も行った。二〇歳代の効果は大きく、有意性もある。三〇歳代、特に四〇歳代では効果が大きいが、いずれも有意性はない。五〇歳代、六〇歳代では符号が想定されるものとは反対になっているが、有意性はない。

なお、二〇一六年の「家計調査」の資産・負債のデータはまだ利用できない。だから、一六

表 1-2　世帯主の年齢別，金融資産階級別の勤労者世帯の消費増加率（2015 年）

モデル 1

	定数項	可処分所得	消費性向の差	住宅・土地のための負債・可処分所得比率	R^2	$\bar{R}^2$
係数 t 値	−0.019* (−2.1)	0.60*** (3.7)	−0.68*** (−3.7)	−0.0094*** (−3.6)	0.703	0.661

モデル 2

	定数項	可処分所得	消費性向の差
係数 t 値	−0.0090 (−1.0)	0.39* (2.0)	−0.74*** (−4.2)

	住宅・土地のための負債・可処分所得比率					R^2	$\bar{R}^2$
年齢	29 歳以下	30–39	40–49	50–59	60–69		
係数 t 値	−0.011*** (−4.1)	−0.006 (−0.7)	−0.014 (−1.0)	0.028 (1.7)	0.018 (0.9)	0.793	0.708

従属変数　消費増加率(名目)

*** 1% 有意，* 10% 有意

資料：総務省ホームページ「家計調査」

注：2 人以上の勤労者世帯．可処分所得は名目増加率，消費性向の差は 2014 年と 07–13 年の平均消費性向の差，住宅と土地のための負債・可処分所得比率は，住宅と土地のための負債残高と可処分所得(年間)の比率の 14 年から 15 年にかけての変化

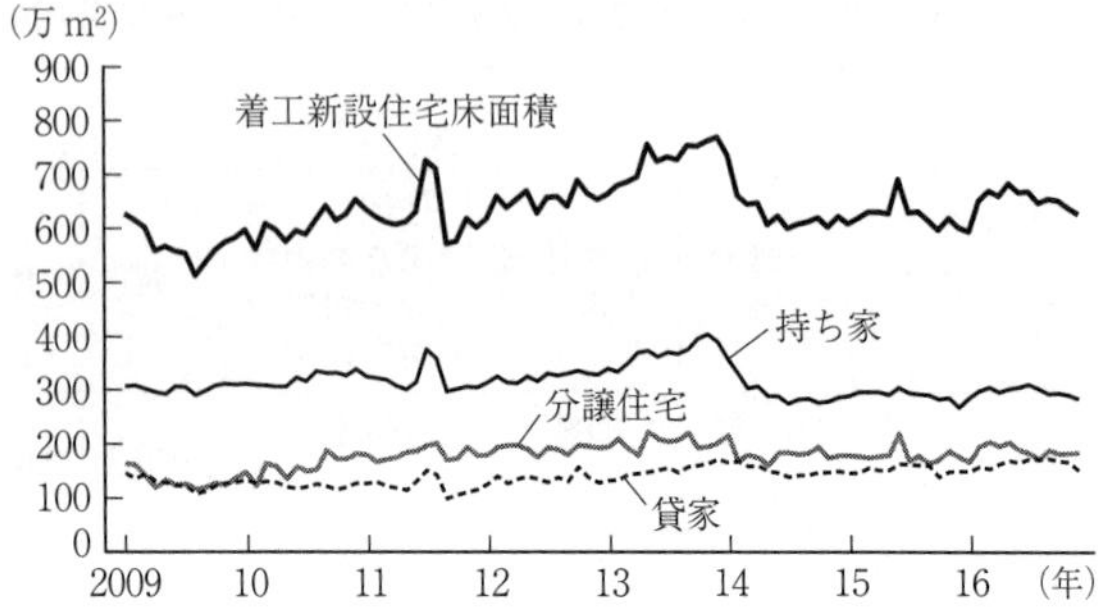

図 1-8　着工新設住宅床面積(2009 年 1 月 - 16 年 12 月)
資料：国土交通省ホームページ「建築着工統計調査報告」
注：季節調整値

年のより強力な節約志向の原因が、消費刺激策の息切れや、住宅ローンの負担の結果かどうかは分からない。継続して検討する必要があろう。

住宅投資は負の遺産

図1―8は住宅の種類別に着工新設住宅床面積を図示したものである。

図には示していないが、世界同時不況前のいざなみ景気期には、新設住宅床面積は月九〇〇万平方メートル程度だった。それが世界同時不況の中で、月五〇〇万―六〇〇万平方メートルまで急減した。経済の回復にともない、多少新設住宅床面積も回復したが、それはわずかである。一三年には消費税増税前の駆け込み需要によって、七〇〇万平方メートルを超えるところまで増加した。しかし、消費税増税後は急速に落ち込み、その後も停滞する。

けれども、マイナス金利にともない急増した。その意味ではマイナス金利に効果があったようにも見える。もっとも、増加したといっても二〇一二年の水準と変わらないし、〇七年の水準と比べると、三分の二程度である。しかも増加は一時的でまた減少し始めている。

さらに問題なのは、貸家と分譲住宅である。持ち家も多少増加したが、一二年の水準には達していない。比較的好調なのは、貸家と分譲住宅である。ただし、貸家と分譲住宅も、一六年後半から減少に転じている。今の日本では不動産投資は金持ちの節税の一つの手段となっている。マイナス金利がそれを促進したということである。

既に日本は七軒に一軒は空き家という空き家大国である。人口が減少する将来、空き家がさらに増加するのは確実である。人気がある新築物件は借り手がすぐに見つかるであろう。しかし、その分、中古物件の空き家が増加する。新築物件も数年経てば、老朽化するから、人気がなくなり、空き家となる。空き家が増加すると、地域の環境が悪くなり、治安も悪化し、住宅価格も下がる。これ以上空き家を増やしてどうするのだろうか。

もっとも、人口減少社会でも住宅は必要である。東京を中心とした大都市圏では、居住面積を広げるなど住宅の質を改善させる必要があろう。だから、良好な住宅を計画的に建設するのは構わないだろう。

これは金融政策というよりも、街づくりの問題であるが、実際には各自治体は人口を増加させるために、規制を緩和し、住宅の建設を競っている。そして、従来の市街地ではない地域にも住宅が建設されている。そのため、上下水道などのインフラ整備が必要となり、自治体の財政が圧迫される。その上、全体の人口は減少しているのだから、一部の人口が増加しても、他の自治体の人口はその分大きく減少する。人口が減少した自治体では集落が崩壊し、自治体財政も悪化する。

二〇二〇年の東京オリンピック・パラリンピックでは、多額の費用をかけた競技施設は、オリンピック・パラリンピック終了後、あまり使われず、負の遺産になることが、今から懸念されている。今のマイナス金利も、しばらくすると空き家と街の破壊という形で負の遺産を作ることになるのではないのだろうか。

なぜ異次元緩和は決め手に欠けるのか

さて、スティグリッツ(二〇一六、二七〇頁)はアメリカの量的緩和について、その効果は初めに考えられていたほどではなかったと述べる。その理由は三つである。第一にわずかなドル安が生じ、輸出に追い風が吹いても、相手国の量的緩和によって効果が相殺された。第二に長期金利が低下し、住宅ローン金利が低下しても、市場を独占する銀行が利益を懐に入れた。第三に株式市場はバブルにわき、超富裕層は消費をわずかに増加させたが、増加の大部分を占める贅沢品は外国で生産されたものだった。

細部を調整すると、同じようなことが日本の異次元緩和にも適用できよう。

第一に筆者はそれが異次元緩和の結果とは必ずしも考えないが、為替レートの急落が生じた。しかし、為替レートの急落は輸出を増加させず、逆に輸入を急増させた。円安はかえって貿易赤字を拡大させる方向に作用した。

第二に異次元緩和は長期金利と住宅金利を押し下げた。しかし、空き家大国の日本では、住宅建設はさほど増加しなかった。さらに、家計の住宅ローンの急増が消費を抑圧した。利益が急増した企業も、需要が停滞する状況では設備投資をさほど増加させずに、内部留保を急増させている。

第三にこれも異次元緩和の効果かどうかは別として、株価は急上昇した。しかし、日本の家計の株式保有は大きなものではない。アベノミクスが始まってから家計は株を売り越している。物価上昇は金融資産の実質価値を目減りさせた。こうした要因のために、家計の純金融資産は増加しているが、それはさほど大きなものではない。必然的に資産効果は限定的なものになった。

また円安インフレによって、家計の実質賃金と実質可処分所得が減少した。これに節約志向が加わり、消費が停滞した。

4　日本だけの経済停滞

日本の脱落が始まった

本章冒頭の引用にも示したように、リフレ派は世界の中で日本だけがデフレの中で経済停滞に陥っていると論じている。

二〇〇八年の世界同時不況後も、危機の震源地アメリカでは、FRB議長バーナンキは積極的に金融緩和を行い、デフレに陥るのを防いだとされる。それによって、いち早くアメリカ経済を復活させた。イギリスも当時のイングランド銀行総裁キングの量的緩和によって、経済を素早く復活させた(浜田、二〇一三b、二五―二八頁)。他方、日本は、日銀の政策によって、デフレが二〇年以上も続き、独り取り残されていると彼らは言う。

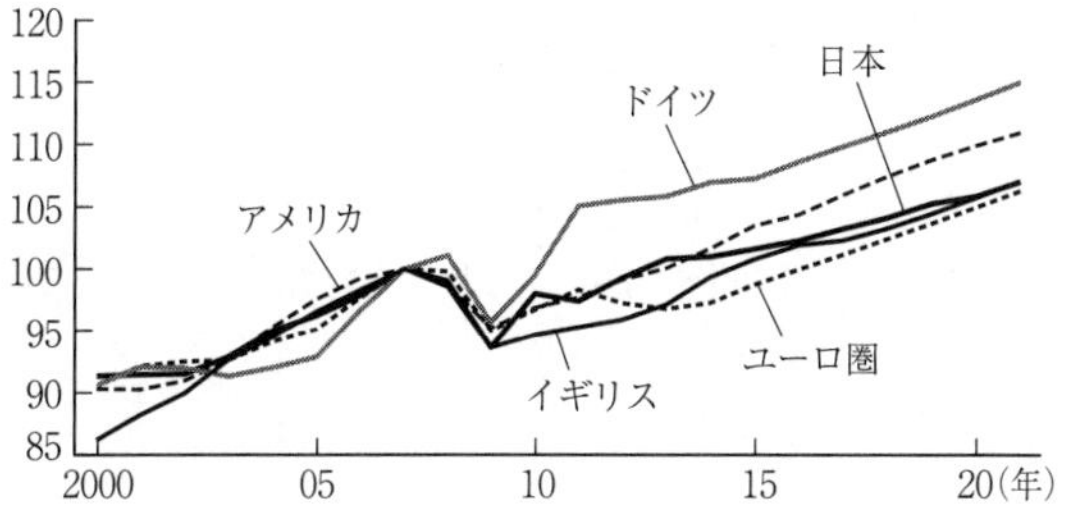

図 1-9　主要国・地域の人口 1 人あたりの実質 GDP（2000–21 年）

資料：IMF ホームページ

注：2007 年を 100 とする指数．ユーロ圏は 2002 年の原加盟国 12 カ国．ユーロ圏は 2015 年以降，他の国は 2016 年以降は，IMF の予測による

もっとも、ユーロ圏、特にＧＩＩＰＳ諸国（ギリシア、アイルランド、イタリア、ポルトガル、スペイン）の経済回復はきわめて遅い。けれども、これも統一通貨ユーロのために、周辺国のための金融緩和が行えないためだという説明がなされている。ユーロ圏の停滞はリフレ派理論を反証するものではない。

さて、図１‐９は日本、アメリカ、ユーロ圏、ドイツ、イギリスの一人あたり実質ＧＤＰの推移を図示したものである。一九九〇年代はともかく、二〇〇〇年代に入ると、日本の一人あたり実質ＧＤＰはアメリカやユーロ圏とほぼ同じように増加を続けた。イギリスは増加のペースが他よりも少し速かった。二〇〇八年の危機後、五つの国・経済圏ともに経済は大きく落ち込んだ。中でも日本とイギリスの落ち込みが激しかった。しかし、日本は経済の回復も大きかった。東日本大震災のために、一一年は落ち込んだが、これも素早い回復を見せた。全体として、二〇〇〇年代からの日本の経済成長は人口一人あたりで見れば、アメリカに匹敵する。しかも日本で人口が増加しているのは老人である。現役世代(一五―六四歳)人口一人あたりの経済成長ならば、日本の方がアメリカよりも高くなる。

この事実は今では欧米の経済学者の間では広く受け入れられている。例えば、スティグリッツ(二〇一五、三九一―三九九頁)、クルーグマン(Krugman, 2015)は、二〇〇〇年代の日本の成長率は、現役世代人口一人あたりではアメリカよりも高いと指摘している(原田、二〇一六、図3、図4、参考も参照)。その他、スティグリッツはアメリカのような莫大な格差がないなど、日本には美徳が存在するとも書いている。

逆に世界同時不況の中で取り残されたのがヨーロッパである。GIIPS諸国の危機によって、全体としてユーロ圏は二番底に陥った。ただし、ユーロ圏、ヨーロッパには様々な国がある。ドイツは、一人あたりで見ると落ち込みが比較的小さく、回復は大きかった。

しかし、ユーロ圏に属さないイギリスも、経済の回復はユーロ圏に劣らず遅い。その原因がヨーロッパで大々的に行われている緊縮財政にあるという主張がある。例えば、スタックラー&バス(二〇一四、一六―一七頁)は、アメリカではオバマの財政による景気刺激策が経済を回復させたと主張する。逆にイギリスでは保守党のキャメロンによる緊縮財政が回復しつつあった経済を腰折れさせたと言う。

さて、リフレ派は欧米経済学の常識を自らの権威づけに使う。「外国では」という話に弱い日本人にはこうした説得方法は有効である。しかし、日本で「外国の常識」とされているものが、実態と違うことは少なくない。

日本の成長率は人口一人あたりや、現役世代人口一人あたりで見れば、低くないことは今では欧米の経済学者にも知られるようになっている。イギリスはユーロに属していないにもかかわらず、緊縮財政のために、ＧＩＩＰＳ諸国に次いで経済回復が遅れたという話も、欧米の経済学者には知られている話である。

しかし、これはアベノミクスが始まるまでの話である。

図1–9を見ると、回復が遅れていたイギリスとユーロ圏が回復し、日本に追いつき始めていることが分かる。調べてみると、ユーロ圏では周辺部、例えば、スペイン、ポルトガルの回復が著しい。アイルランドはそれ以上に回復が著しい。しかし、アイルランドはタックス・ヘイブンとして知られている。多国籍企業が、税金の安いアイルランドに、帳簿の上だけ利益を移転させた結果なのかもしれない。

もっとも、水準と変化の違いを忘れてはならない。数値例で説明すると、一〇〇の経済が九〇に落ち込んだとしよう。ここから九五に回復した時、成長率は五%を上回り、かなり高い。けれども、元の水準からすれば、五も下にある。スペイン、ポルトガルが回復したといっても、元の水準からすればまだまだであることも忘れてはならないであろう。

逆に日本の一人あたり実質GDPの増加のペースが鈍り、欧米諸国に遅れを取り始めている。図を省略するが、現役世代人口一人あたり実質GDPの増加でも、アメリカに遅れを取り始めた。

IMFの予測によると、今後、ユーロ圏、イギリスの一人あたり実質GDPは順調に伸び続け、二〇二一年には日本にほぼ追いつくことになる(ただし、図1-9の数値は指数であるから、日欧の一人あたりの所得水準が同じになるということではない)。日本の脱落はこれから始まるのである。

経済予測は基本的には当たらない。日銀のインフレ予測が驚くほど外れ続けていることは、第3章で明らかにする通りである。けれども、この件に関する限り、外れ続ける日銀とリフレ派の予測よりも、相対的にはIMFの予測の方が信頼できると筆者は考えている。少なくとも他の先進諸国から遅れをとっていた日本経済が、アベノミクスによって追いつき始めたという

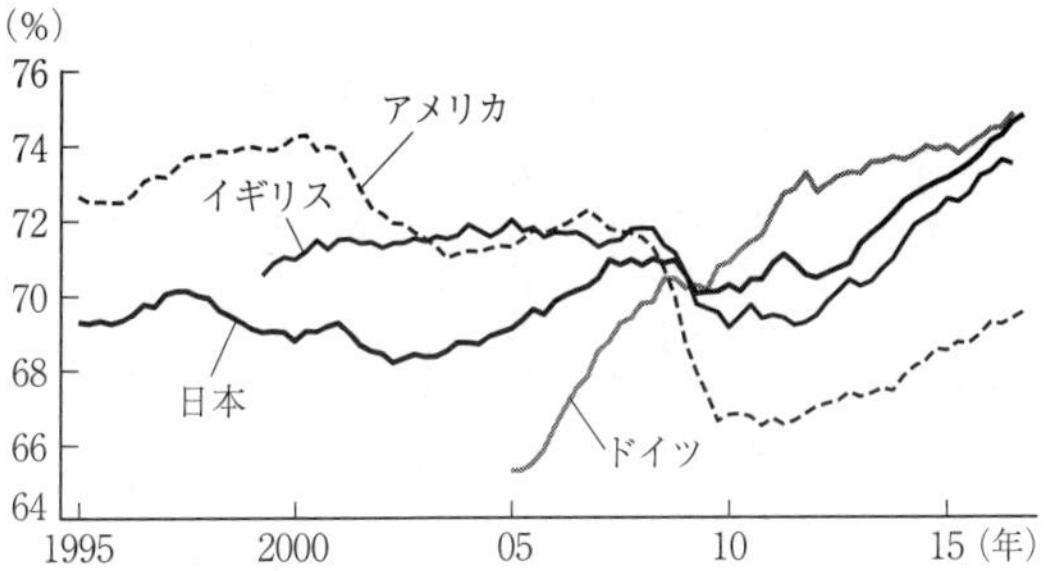

図 1-10　主要国の現役世代の就業率(1995 年第 1 四半期 - 2016 年第 4 四半期)

資料：OECD ホームページ

注：現役世代は 15-64 歳．ドイツは 05 年第 1 四半期 - 16 年第 3 四半期，イギリスは 1999 年第 2 四半期 - 2016 年第 3 四半期

話は誤りだと言えるであろう。

アメリカの雇用回復は遅い

失業者の定義は仕事をする能力と意思がありながら、仕事が見つからずに仕事につけない者である。仕事が見つからないので、仕事を探すのをやめれば、公式の統計では失業者ではなくなってしまう。

図1-10は現役世代の就業率の国際比較を示したものである。一九九〇年代後半、経済の停滞の中で日本の現役世代の就業率は低下傾向にあった。しかし、二〇〇〇年代になると日本の就業率は上昇する。世界同時不況期には就業率は低下したが、それはわずかで、他国に先駆けて改善した。現在の日本の就業率は過去最高水準となっている。た

だし、日本で増加しているのは、短時間就業者である。この問題は改めて第2章で扱うことにする。

もっとも、二〇〇〇年代のドイツの就業率の上昇は日本以上である。ドイツの就業率は世界同時不況期にも落ち込みは小さく、回復は日本以上に速かった。ただし、最近はドイツ経済の減速にともない就業率の上昇ペースが鈍ってきている。

日独に遅れるものの、二〇〇〇年代のイギリスも全体として、就業率は上昇傾向にある。世界同時不況期には就業率は落ち込んだが、経済の回復とともに上昇に転じた。ただし、イギリスにはゼロ時間契約がある。これは、必要がある時にだけ、雇用主が労働者に仕事を依頼し、報酬を支払うというものである。

ゼロ時間契約を結んだが、仕事の依頼がなかった労働者は失業者と同じである。あるいは希望の労働時間の半分しか仕事の依頼のなかった労働者は半分の失業者と見なすこともできよう。しかし、こうした労働者も公式の統計では就業者に含まれる。

アメリカは、一九九〇年代後半には、ITバブルの中で就業率を改善させていた。しかし、二〇〇〇年からのITバブル崩壊によって就業率は急低下する。住宅バブルの中で多少改善するが、それはわずかである。そして、住宅バブルが崩壊すると、さらに就業率が急低下した。

その後の経済回復の中で、就業率も上昇するが、やはりわずかである。

二〇〇八年の金融恐慌はアメリカ発でありながら、日米欧の中でアメリカだけが独り回復したと言われている。しかし、就業率で考えるならば、図１-10の四カ国の中では、アメリカだけが大きく落ち込んだままである。就業率の回復の遅れから推測すれば、アメリカの事実上の失業率は今なお一〇％程度だろう。

ところで、アメリカでは現在のＦＲＢ議長は女性、二〇一六年の大統領選挙でも女性のクリントンが候補となった（しかも、大統領に当選したトランプよりも得票数は多かった）。こうしたことに象徴されるように、アメリカでは女性の職場進出は日本よりも遥かに進んでいるように思える。

けれども、図は省略するが、ＩＴバブル期のピークである二〇〇〇年と比べると、アメリカの現役世代の女性の就業率は今なお四％も低い。逆に日本ではこの間に一〇％も上昇した。この間、アメリカでは仕事をしたいと考える女性が減ったのか、仕事を探したが見つからない女性が増えたのかということを考えた場合、大部分は後者であろう。

バーナンキ（二〇一五、下、三九一頁）は、「ＦＲＢは景気回復中に全体的な雇用の拡大を支援することはできるが、教育の質や技術革新のペース、その他、新たに生まれる雇用が高賃金のよい仕事になるかどうかを決める要因をどうにかできる権限はない」と主張する。しかし、図1-10を見れば、バーナンキは雇用の拡大に対しても、大した支援をしていなかったことが分かるであろう。

先述したように、アメリカは国全体では経済成長率が高くても、現役世代人口一人あたりでは日本に劣る。この「低い成長」が雇用回復を遅らせている最大の原因である。

移民が流入するアメリカでは労働供給も増加を続けている。他方、アメリカ経済を支える金融とITの雇用誘発効果は小さい。そのため、アメリカでは完全雇用に到達し、維持していくためには他国よりも高い成長率を必要とする。しかし、ITバブル崩壊後のアメリカ経済は、住宅バブル期も含めて、この高い成長を実現することができなかったのである。

5　世界大恐慌の再検討

ニューディール、高橋財政はV字回復

リフレ派は、一九三〇年代のアメリカ大恐慌や高橋財政の「教訓」も、自らの権威づけに使っている。アメリカの大恐慌からの復活も、高橋財政によるデフレからの脱却も、全て金融緩

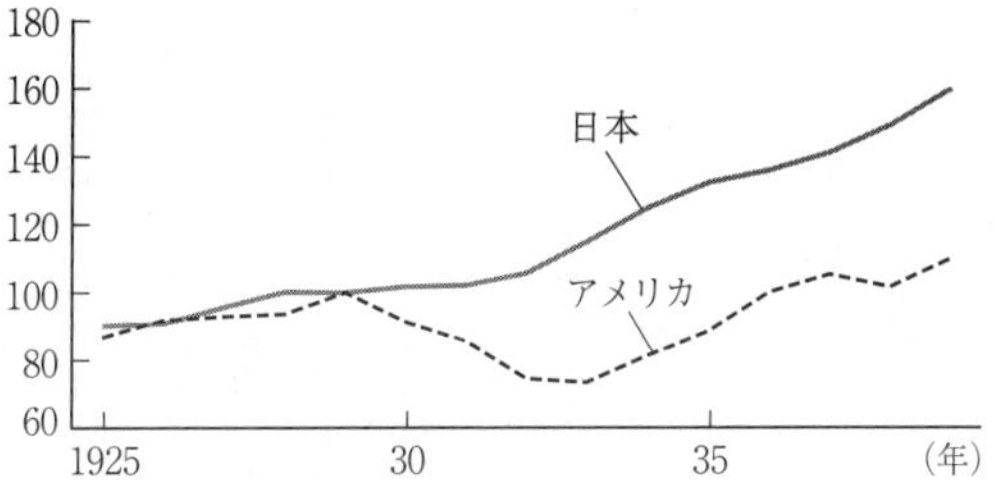

図1-11　日本の実質GNPとアメリカの実質GDP
(1925-39年)

資料：日本統計協会編(1998), Carter and Richard(eds.)(2006)

注：1929年を100とする指数

和の成果と言う。

図1-11は一九二五年からの日本の実質GNPとアメリカの実質GDPの推移を図示したものである。

高橋是清が大蔵大臣に就任し、高橋財政を始めたのは三一年末であった。高橋財政の開始とともに、高成長が始まった。十分に経済が回復したと考えた高橋は、財政緊縮の方向に舵を切り始めた。軍事支出も削減しようとした結果、軍部との対立を深め、三六年二月、暗殺されることとなった。

アメリカでローズベルトが大統領になり、ニューディール政策が始まったのは、三三年三月のことだった。アメリカ経済は大恐慌の中で、三割近くも実質GDPが減少した。けれども、回復も素早かった。四年後の三七年には、危機前のピークを越えている。翌三八年は二番底だったが、三九年には著しい回復を見せた。

ただし、ここでも水準と変化の違いが問題になる。ピーク時には二三%だったアメリカの失業率は、三六年には一〇%を切っている。変化で考えると大きな成果である。しかし、一〇%の失業率は、一九八〇年代初頭のインフレ期と、世界同時不況期という戦後のアメリカにおける二つの最悪期に匹敵する高水準である。

三〇年代の経済政策の成功例として、その他にスウェーデンの社会民主党政権や、ヒトラー率いるナチス・ドイツの例もよく取り上げられる。これらの例は全てV字回復であった。

そうしたことは経済データを見ればすぐに分かる。こうしたV字回復を成し遂げた彼らは偉大なのかもしれない。しかし、昔の偉人が偉大だからといって、黒田や岩田が偉大ということにはならない。逆になぜ世界大恐慌からの回復がどの国でもV字回復だったのに、それに学んだと称する黒田や岩田はV字回復を成し遂げられないのか、普通の人ならば疑問に思うだろう。日本はスウェーデンと並び、大恐慌からの復活が素早かったと言われている。つまり、世界がまだ経済停滞をしている中で、高橋はいち早く経済を復活させたということである。ところが、今の日本は、他の先進国が経済を復活させる中で、遅れ始めているのである。結果で見れば、高橋財政とアベノミクスは正反対である。

格差拡大は日本だけでなく、世界的な問題である。ところが、ニューディール下のアメリカは、経済成長と同時に格差の急速な縮小も実現した。これは「大圧縮」と言われている。これほど素晴らしい政策があろうか。

現在のアメリカについても、経済はＬ字回復であり、雇用の回復は特に遅れている。巨大な格差はむしろ拡大している。現在のアメリカもまたニューディール時代のアメリカと正反対である。大恐慌の研究家であるバーナンキは、なぜ経済のＶ字回復と巨大な格差の縮小の両方に失敗したのだろうか。

リフレ派の大恐慌論は正しいのか

経営学の世界にはベスト・プラクティスというものがある。優れた業績をあげている企業を参考に業務を改善すれば、同じように業績があがるという考え方である。しかし、ベスト・プラクティスは必ずしも成功しない。

失敗する理由は二つある。第一の理由は、手法の有効性が外的環境に依存することにある。有効な手法でも、外的環境が違えば、無益、場合によっては有害なものへと転化してしまう。第二の理由は誤った教訓を学んでいることにある。いかなる優れた企業でも、完璧はあり得ない。だから、見習うべき手法とそうでない手法を区別する必要がある。この区別に失敗すると、正しく教訓を学んだことにはならない。

例えば、高橋財政の下では、円切り下げによって輸出が拡大した。経済の回復とともに、輸入も増加しているが、輸出の拡大の方が数量としては大きかった。ところが、アベノミクスの下では急速な円安にもかかわらず、輸出は停滞し、逆に輸入が急増した。同じように円安になっても、輸出が伸びるとは限らない。

通貨切り下げ政策は近隣窮乏化政策とも言われている。日本の輸出が急増した分、他国の輸出が減少するので、他国の経済はかえって悪化してしまうと言われている。けれども、そうなるとは限らない。実際、高橋財政下の日本では、経常収支はほとんど改善していない。これは日本だけのことではない。一九三〇年代の世界大恐慌期には、金本位制を廃止し、通貨を切り下げた国がいち早く経済を回復させたと言われている。しかし、通貨を切り下げた国は一般的に経常収支をほとんど改善させなかった。

金本位制、一般的には固定相場制の下で輸入が増加すると、金準備、外貨準備が枯渇する。そのため、輸出拡大によって金や外貨を確保できないと、内需拡大が妨げられる。逆に通貨切り下げによって、金や外貨を確保できれば、その分内需拡大が可能となる。内需が拡大すると輸入も増えるので、結果的に経常収支はプラス・マイナス・ゼロに戻ることもあり得るだろう。

これが大恐慌からの回復過程で生じたことだった。

しかし、現在の日本は世界最大の債権国であり、外貨も余るほどある。日本では外貨は内需拡大の制約とはならない。

理論的にもっと大きな問題は、これまでの大恐慌論は正しいのかということである。フリードマンは一九三〇年代のアメリカの大恐慌の原因はＦＲＢの金融政策の失敗によって、デフレが生じたことにあると言った。それを受けてバーナンキは、金融政策はバブルを無視して構わない、バブル崩壊後に経済が悪化した時に、金融を緩和させれば、経済は直ちに復活するからと言った。こうした理論が現在の異次元緩和を支えている。

しかし、「二〇〇八年世界金融危機のさなかに実行された金融政策は、フリードマンの説を粉砕した」と書いたのが、スティグリッツ（二〇一六、二四五頁）である。当時世界中の中央銀行は通貨供給を急増させた。フリードマンが正しければ、経済は素早く完全雇用に戻り、インフレまでも発生するはずである。しかし、実際には経済成長は弱々しく、多くの国ではデフレに直面してしまったからである。

現在の日銀の金融緩和が巨大であることは異次元という形容からも分かる。現在の日銀もその規模の大きさを誇る。けれども、国民にとって重要なのは、政策手段の規模ではなく、政策が目標を達成できたかどうかである。

この異次元の緩和がハイパー・インフレーションをもたらしたならば、日本国民にとっては不幸なことでも、フリードマン説とリフレ派理論の正しさを証明するであろう。しかし、実際には相変わらずデフレが続いているし、実体経済の停滞も続いている。異次元緩和もまたフリードマン説とリフレ派理論を粉砕しているのである。

二〇〇八年の金融恐慌が今のところ二一世紀最大の金融恐慌であることに異論を唱える経済学者はいないであろう(二一世紀が始まってまだ一七年目であるから、今後記録が塗り替えられる可能性がある)。バーナンキ(二〇一五、下、一六八頁)も『回顧録』で、二〇〇七年から〇九年の危機は、一九世紀から二〇世紀初頭に起きていた金融恐慌の直系だと述べる(なお、金融恐慌の原語はフィナンシャル・デプレッションではなく、フィナンシャル・パニックである)。

さらに、バーナンキ(二〇一五、下、一七九―一八一頁)は住宅バブル崩壊は単独では危機を招かなかったと述べる。住宅単独原因説は住宅価格の急落を所与と考えているという点で誤りだと退ける。その根拠として、住宅価格が暴落し始めたのは、危機が始まってからだと論じている。

筆者もバーナンキの考え方には概ね賛同する。さらに、政府が金融機関を救済しなければ、二一世紀最大の金融恐慌は、文字通りの意味で第二の大恐慌を引き起こしただろうと、筆者は考えている。けれども、住宅単独原因説批判には同意しない。バーナンキの説明とは反対に、金融恐慌は住宅バブルと無関係に生じた現象ではない。そもそも住宅バブルがなければ、住宅バブル崩壊はあり得ない。住宅バブル崩壊がなければ、金融恐慌もあり得ない。

二一世紀の金融恐慌が大恐慌以来最悪の経済危機を招いたとするならば、二〇世紀の金融恐慌は大恐慌の引き金になったはずである。ところが、フリードマン説はバブル崩壊や金融恐慌が大恐慌とは無関係だと考えている。フリードマン説の根本的な問題点はここにあると筆者は考えている。

フリードマンはマネーストックの急減が大恐慌の原因だと述べた。しかし、マネーストックの急減も金融恐慌の結果である。一九三〇年末から、アメリカでは四度にわたる銀行危機が生じた。当時は銀行預金を保護するシステムはまだできていなかった。そのために、人々は銀行が破綻する前に預金を引き出そうとした。マネーストックは現金と銀行預金からなる。当時も今も銀行預金の方が多いから、預金流出はマネーストックを急減させる。大恐慌時には現金は逆に急増していた。

また金融恐慌後の注目すべき特徴の一つは、財政拡張論者の増加である。デフレ脱却の即効薬は金融緩和と論じていた浜田(二〇一七)も財政拡張論者に転換した。バーナンキ(二〇一五、下、三〇一—三〇二頁)も、アメリカ政府が財政拡張に消極的なことに不満を述べる。

しかし、バーナンキの理解では、アメリカの大恐慌は金融政策によって解決したはずである。日本の長期停滞は、バブル崩壊が原因ではなかった。たとえバブルが崩壊しても、日銀が適切な金融政策をとっていれば、経済は停滞しなかったとバーナンキは主張した。こうした考え方に基づいて、バーナンキとFRBは二〇〇〇年代の住宅バブルを放置していた。

すると、二〇〇八年の金融恐慌でも、バーナンキが正しい金融政策を行えば速やかに経済が回復するはずである。金融恐慌が起こった後に、彼が財政政策と政府の怠慢を批判することは筋違いと言える。〇八年の金融恐慌は、フリードマン説だけでなく、バーナンキ説も粉砕したのである。

岐路に立つ日本経済

本章ではアベノミクス下の経済成長率はむしろ下がっていることを明らかにした。人口一人あたり、現役世代人口一人あたりでは、欧米の主要国に匹敵していた経済成長率も、遅れを取り始めた。この低迷する経済成長率がアベノミクスの第一の、最も重要な特徴である。

人間はというよりも、動物は変化する物に注目するようにできている。だから、激しい変化を引き起こす金融危機は人目を引く。格差と貧困も、その深刻さでは金融危機に匹敵する問題である。しかし、格差と貧困は長期にわたる持続した状況という側面が強い。だから、深刻さにもかかわらず、格差と貧困は「昔からそうではないか」という反応になりやすい。

アベノミクス下の継続する低成長も「昔から低成長だったではないか」という反応になりやすい。しかし、これは正しくない。

二〇〇八年八月下旬、世界銀行元総裁のジェームズ・ウォルフェンソンは、当時の信用危機は、後世の歴史書で一章まるまる載るほどの内容か、脚注で済むことなのかと意見を求めた。この時、出席者のほとんどが、おそらく脚注になると答えたとバーナンキ（二〇一五、上、三一八—三一九頁）は言う。バーナンキ自身は答えを断ったが、脚注になることに望みをかけていたと言う。

もっとも、ソーキン（二〇一〇、上、二九〇—二九一頁）によれば、バーナンキも他の人と同じく脚注となると答えただけでなく、世界大恐慌や、日本のような長期的な不況に陥ることはないと断言して、他の人を驚かせたそうである。

筆者にはバーナンキとソーキンのいずれが正しいのかは判断できない。しかし、いずれが正しいとしても、経済学者の未来を予想する能力のなさはよく分かるであろう。

それではアベノミクスと異次元緩和は後世の歴史書で一章を割かれるのだろうか。脚注を割かれるのだろうか。おそらく後者になると筆者は考えている。

ただし、別の意味で一章を割かれる可能性があり得るとも考えている。アベノミクス下の日本経済は危機もないのに低成長という異常な事態を迎えている。しかも、第2章で詳しく論じるように、低成長であるにもかかわらず、雇用状況は改善している。それは日本経済に成長余力がなくなっている結果であって、この状況はこれからも持続する可能性が高いであろう。それは一年単位では微細な変化でも、累積すれば、大きなものとなるだろう。

将来の歴史書において、安倍政権が歴史の転機として一章が割かれることになるとすれば、本格的な日本経済の衰退が始まった時期としてだろう。これから本当の長期停滞が始まるかどうか、政府と日銀が考えているのと反対の意味で、日本経済は岐路に立っているのである。

第2章　雇用は増加していない

1　実体経済、雇用、労働生産性の低迷

政府は成果を宣伝する

二〇〇八年に世界金融危機が生じるまでは、主要先進国の中で日本だけがデフレによって経済が停滞していると言われていた。もっとも、こうした主張が疑わしいことは、第1章で論じた通りである。しかし、今では日米欧ともに経済停滞に苦しんでいる。特にギリシアではその経済が崩壊した。

トロイカ（欧州委員会［EC］、ヨーロッパ中央銀行［ECB］、国際通貨基金［IMF］）はギリシアに緊縮財政を押しつけた。その緊縮財政がギリシア経済を崩壊させたという批判が根強くある。けれども、ユーロ圏の指導者たちはあたかも政策が成功したかのごとく宣伝する。

スティグリッツ(二〇一六、二七七―二七八頁)もまたこうしたユーロ圏の指導者の態度を批判した。

驚くべきことに、危機当事国の人々を助けるはずのトロイカのプログラムは失敗に終わった、という証拠が雪崩を打って迫ってきても、ユーロ圏の指導者たちは緊縮財政策の成功を喧伝しつづけてきた。ある特定の経済指標だけが見えて、のこりの指標はすべて見えなくなる眼鏡でもかけていないかぎり、このような想像力あふれる拡大解釈をおこない、スペインとポルトガルとアイルランドを成功譚にまつりあげることなどできない。

日本でもアベノミクスが失敗したという証拠が雪崩を打って迫ってきている。実体経済の低迷ぶりは第1章で示した通りである。第3章で論じるように、デフレ脱却も全く進まない。しかし、それでは政府と日銀とリフレ派が困るであろう。

第3章で詳述するように、日銀は初期の段階で消費者物価が上昇していたことに注目し、想像力あふれる拡大解釈を加え、異次元緩和の成功譚を作り出した。物価上昇率は今ではほぼゼロか、マイナスであるが、それは異次元緩和の失敗ではない。日銀の成功譚では、今なお物価の基調は上昇傾向であり、二〇一八年度中には物価上昇率二％の目標が達成できるのである。

ヨーロッパで行われている政策とは方向性はむしろ反対かもしれない。しかし、政策の失敗を隠す手法は政策の方向性とは無関係なのである。そして、こうした指導者の成功物語が国民に受け入れられないことでも、日米欧ともに変わりがない。

雇用増加は見せかけ

アベノミクスの成果としてよく指摘されるのが、雇用の改善である。

民主党政権下で減少していた就業者数が、アベノミクスによって増加に転じたと、安倍首相が主張していることは、よく知られている。正規の雇用者数も、二〇一五年半ば以降は増加に転じている。けれども、第1章で示したように、実体経済は低迷している。実体経済が低迷しているのに、雇用が改善したとは奇妙である。本当に雇用は改善したのだろうか。

図2–1は就業者数、延べ就業時間、労働生産性を図示したものである。なお就業者には雇用者以外に、自営業者なども含む。自営業者も労働していることには変わりがない。雇用者の増加だけでなく、自営業者の増加も望ましいことであろう。だから、後の図2–5に関わる問題を除き、就業者数、延べ就業時間で考える。

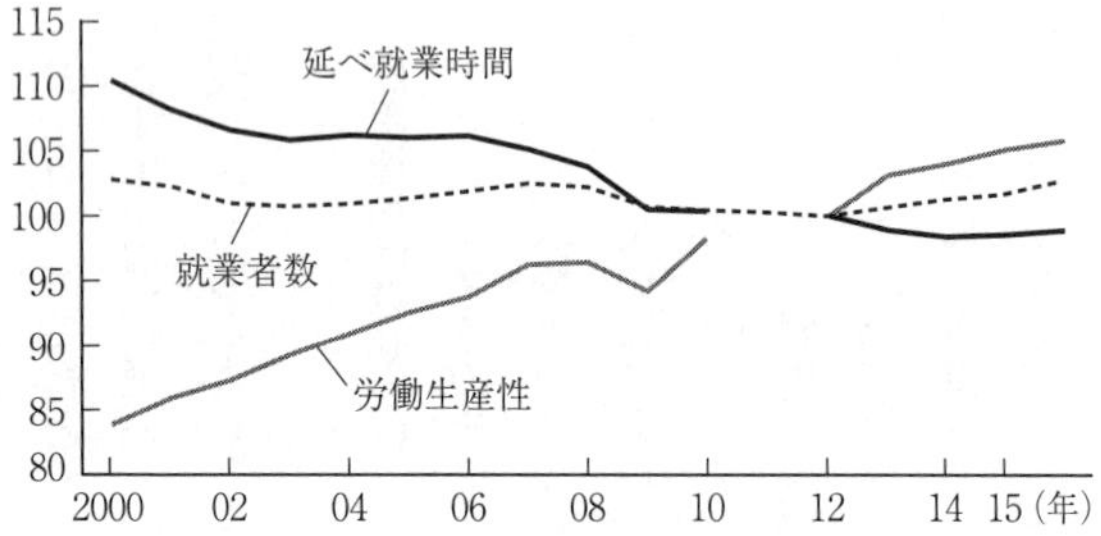

図 2-1　就業者数，延べ就業時間，労働生産性(2000–16 年)

資料：内閣府ホームページ「四半期別 GDP 速報」，総務省ホームページ「労働力調査」

注：2012 年を 100 とする指数．労働生産性は実質 GDP を延べ就業時間で割ったもの．11 年は東日本大震災のため，延べ就業時間と，労働生産性のデータは欠如

就業者は、二〇〇〇年以降減少していた。しかし、いざなみ景気に支えられ、〇五年以降増加に転じた。ところが、〇七年以降、世界同時不況の中で再び減少する。実体経済は一〇年から回復するが、就業者の減少は続く。再び、就業者が増加に転じるのは、一三年からである。これだけ見るとアベノミクスが就業者を増加させたように見える。

しかし、「労働力調査」における就業者の定義は、調査の週に一時間以上働いた人である。日本にはサービス残業も含めて週六〇時間以上働くような人も少なくない。こうした人も週に数時間しか働かないアルバイトも、同じ就業者として扱われている。

経済学の上で正しい雇用あるいは就業の指標は、延べ就業時間である。図 2–1 を見ると、二〇〇〇年以降の延べ就業時間は就業者数と連動して変化し

ていないことが分かる。

延べ就業時間は、いざなみ景気が始まる前には、大きく落ち込んでいた。しかし、いざなみ景気期は全体としてほぼ横ばいか微減となった。ところが、世界同時不況が生じると急減する。特に〇九年は急速な落ち込みを見せた。その後の経済回復期には、ほぼ横ばいとなっていた。アベノミクスが始まると、それが減少に転じた。ただし、一五年以降は微増に転じているが、未だに一二年の水準には戻っていない。

理論的に正しい雇用の指標を使えば、アベノミクス期には雇用が全体として減少していることが分かる。

オーカンの法則

延べ就業時間は就業者数よりも統計の正確さでは恐らく劣るであろう。そこで参考にすべきものが実質ＧＤＰ増加率との関係である。

オーカンの法則は実質ＧＤＰが増加すれば、失業率が低下するという関係を示すものである。実質ＧＤＰが大きくなると、雇用が増加するから、失業率が低下するというのは、常識的な話であろう。けれども、雇用が増加しても、労働供給がそれ以上に増加すれば、失業率が上昇する。労働供給の変化のペースが変わる場合には、そのままでは使えない。

そこで、本書では延べ就業時間増加率と実質GDP増加率との関係にオーカンの法則を置き換える。

なお、東日本大震災のため、二〇一一年の年平均の延べ就業時間のデータはない。そこで、便宜的に一一年第四・四半期のデータを使っている。また一一年にはプラス一、一二年にはマイナス一のダミー変数をおく。これは便宜的なデータを使っていることにもよるが、東日本大震災のような大事件期には、その影響の大きさを計るためのダミー変数を入れることはむしろ普通である。

さて、近年は経済の低迷の中でも、延べ就業時間が微増に転じ、それにもかかわらず人手不足がさらに強まっている。これは延べ就業時間増加率と実質GDP増加率との関係が以前とは変わってきている可能性があるということを意味している。そこで、一四年以降にも、プラス一のアベノミクス・ダミーを入れる。

表2-1はその結果を示したものである。修正済み決定係数は〇・六二六と高い。実質GDP増加率の係数は〇・三五である。実質GDPが一%増加すれば、延べ就業時間が〇・三五%増加することを意味する。係数としては妥当な数字である。

表 2-1　オーカンの法則の検定

	定数項	実質 GDP 増加率	東日本大震災ダミー	アベノミクス・ダミー	R^2	$\bar{R}^2$	DW
係数 t 値	−0.011 (−6.2)	0.35*** (4.5)	−0.0054 (−1.2)	0.0080* (2.0)	.701	.626	1.56

従属変数　延べ就業時間増加率

*** 1% 有意，* 10% 有意

資料：内閣府ホームページ「四半期別 GDP 速報」，総務省ホームページ「労働力調査」

注：2011 年は東日本大震災のため，年間の延べ就業時間のデータはない．そこで，11 年第 4 四半期の延べ就業時間を代わりに使用し，2011 年を 1，12 年を −1 とする東日本大震災ダミーを入れた．アベノミクス・ダミーは 2014 年以降を 1 とするダミー変数

労働生産性は、実質ＧＤＰ／延べ就業時間だから、係数が一よりも低いということは、実質ＧＤＰ増加率が高くなれば、労働生産性上昇率が高くなるということを示している。

労働生産性は技術的要因だけでなく、年々の需要の変動によっても影響を受けるであろう。例えば、不況期に物が売れなくても、店に労働者を配置しないというわけにはいかない。あるいはアニメや、コンピュータのソフトは、コンテンツを作るのに膨大な人手を要する。しかし、コンテンツができれば複製のコストはわずかである。そのため、大量にコンテンツが売れるほど、一単位あたりの労働量は少なくて済む。

切片はほぼマイナス一％である。これは経済成長率がゼロの時、労働生産性上昇率が一％であること

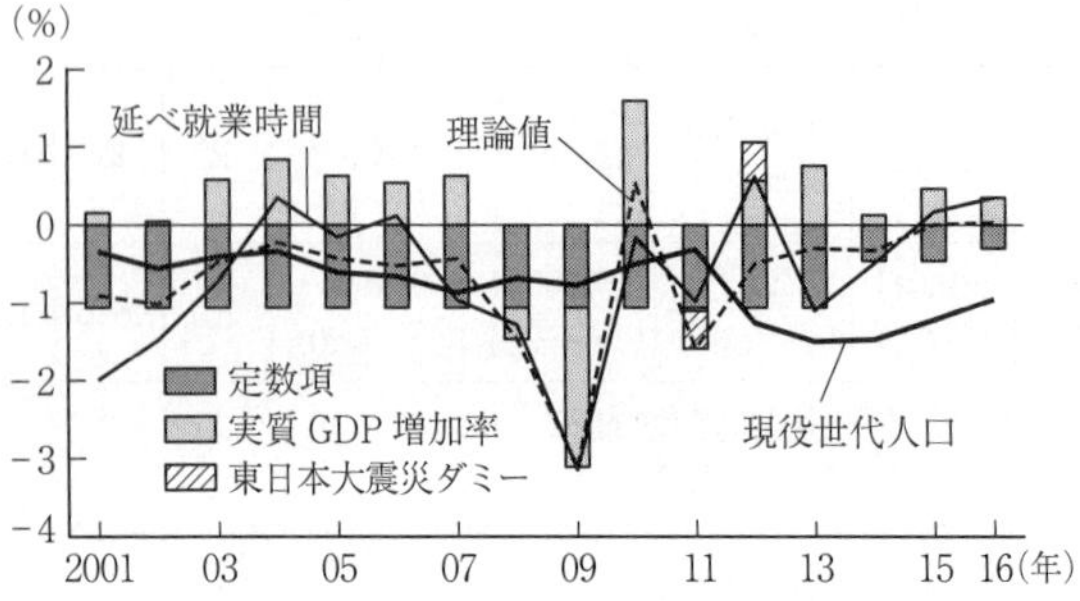

図 2-2　延べ就業時間増加率と現役世代人口増加率(2001–16 年)

資料：内閣府ホームページ「四半期別 GDP 速報」，総務省ホームページ「労働力調査」

注：定数項，実質 GDP 増加率，東日本大震災ダミーは延べ就業時間に対する要因分解である．要因分解とは各要因が延べ就業時間増加率に対してどれだけ影響を与えているかを示すものである．2014 年以降の定数項にはアベノミクス・ダミーも含む

を意味する。高度経済成長期のような急速な生産性向上は望めないとしても、現在の日本においてもこの程度の労働生産性上昇率は見込めるであろう。

図2-2は延べ就業時間の実際の増加率、理論上の増加率、各要因の要因分解、現役世代人口の増加率を図示したものである。なお要因分解とは実質GDP増加率などの要因が延べ就業時間の増加率にどれだけ影響を与えているかを示すものである。

定数項と実質GDP増加率の係数が表2-1のようになっている場合、延べ就業時間を増加させるために必要な実質GDPの増加率は約三%となる。いざなみ景気の経済成長率はしばしば二%を超えていたが、

それでも理論上、延べ就業時間は増加しない。実際には年単位の誤差は小さなものではない。二〇〇四年と〇六年の延べ就業時間は増加している。逆に一〇年には理論上は延べ就業時間が増加することになっていたが、実際には減少した。けれども、全体的に日本経済が延べ就業時間を減少させているのは、経済成長率が低いためだということが分かる。

ところが、図を見ると、現役世代人口は二〇〇一年以降、一貫して減少していることが分かる。二〇一二年以降の減少率は一%か、それ以上で、以前よりも高い。延べ就業時間が減少しているにもかかわらず、労働市場の需給がタイトになり、失業率が低下していく原因は、大局的には供給がそれ以上に減少しているからだということが分かる。

ただし、アベノミクス期の人手不足には別の要因が関係している可能性が高い。アベノミクス・ダミーの値は〇・八%とかなり高い。一〇%水準で有意性もある。この推計が正しいとすると、一%の成長でも延べ就業時間は増加する。

労働生産性は経済成長率を決める最も重要な要因と言えるであろう。特に現役世代人口が減少し、労働供給が減少するこれからの日本で、労働生産性の上昇なくして、経済成長は不可能であろう。こうした状況下で労働生産性上昇率が低下したということは、中長期的には経済成長が見込めないということを意味する。

急増する短時間就業者

図2-3は男女別に就業時間別就業者数の年換算の変化を図示している。時期はいざなみ景気期の二〇〇四―〇七年、世界同時不況期の〇七―一〇年、回復期の一〇―一二年、アベノミクス期は二つに分け、一二―一四年、一四―一六年に区分した。

全体を通じて見た場合、週四九時間以上就業する長時間就業者が減少していることが分かる。他方、より短い就業時間の就業者は増加している。

ただし、これは全体的な傾向であって、時期による違いも大きい。二〇〇四―〇七年の好景気期には週四〇―四八時間の就業者が急増した。そして、それよりも長い就業時間の就業者は減少した。〇七―一〇年の不況期には、週四〇時間以上の就業者は男女あわせて八〇万人近く減少した。三四時間以下の短時間就業者は逆に二〇万人近く増加している。一〇―一二年の回復期には、いずれの就業時間についても、就業者数の変化が小さい。

アベノミクス期が始まった一二―一四年には、短時間就業者が一二〇万人増加したが、週四〇時間以上の就業者は一〇〇万人も減少した。一四―一六年には状況が急変し、週四〇―四八

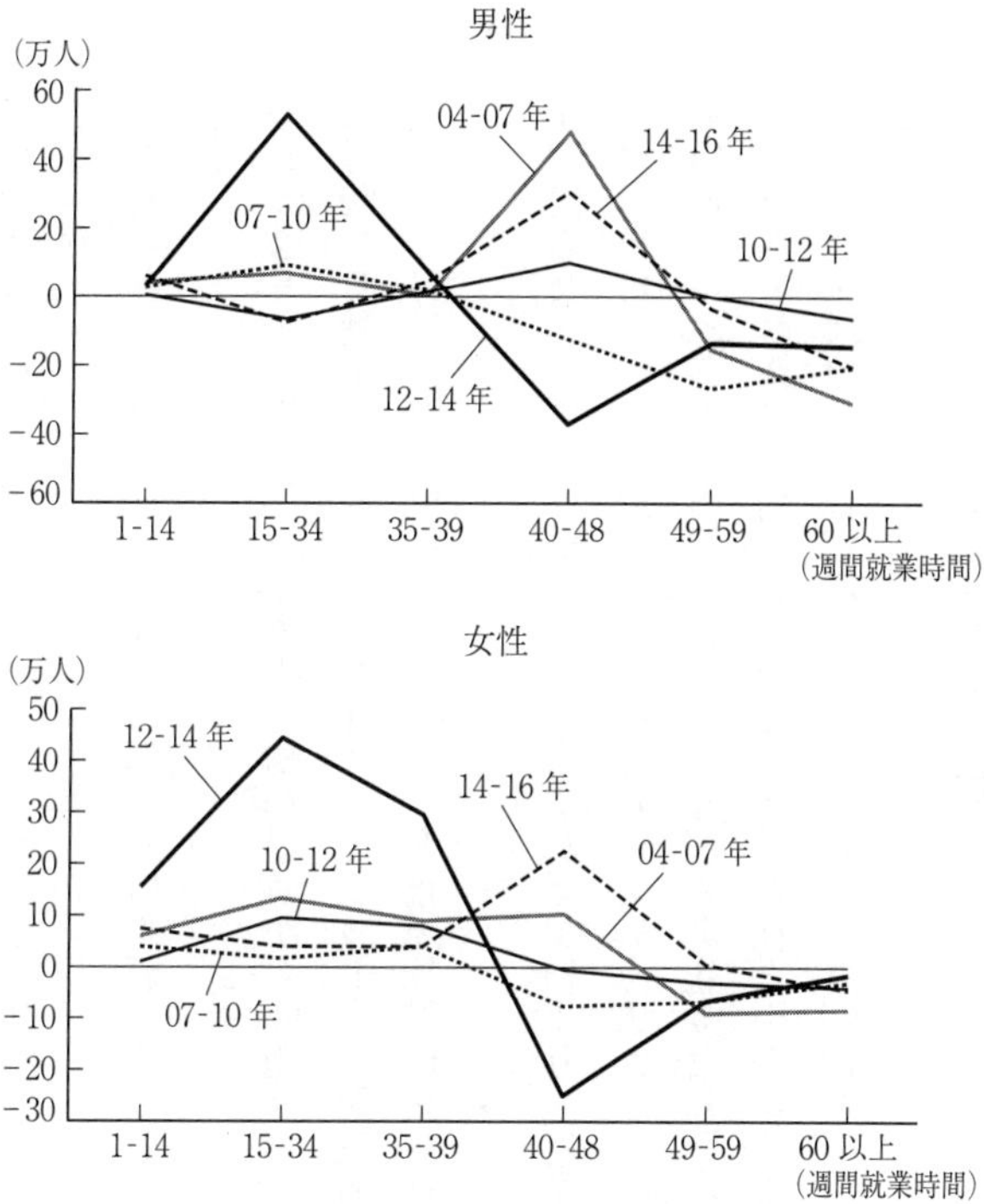

図 2-3　週間就業時間別の就業者数の変化

資料：総務省ホームページ「労働力調査」
注：年平均の変化

時間の就業者が五〇万人も増加した。けれども、それより長い就業時間の就業者は三〇万人も減少している。

短時間就業者の増加の背後には、日本の人口動態の変化とそれにともなう現役世代人口の変化がある。

日本では過労死するほどの長時間労働が以前から問題となっている。実際、今なお週六〇時間以上労働する就業者が一割近く存在する。こうした長時間就業者の大部分は現役世代の男性の正規社員である。現役世代の男性でも、非正規社員は正規社員と比べ短時間労働が普通である。

現役世代の女性は正規社員でも、平均すれば男性よりも就業時間が短い。非正規の場合にはさらに短い。日本では引退後も仕事をしたいという人が多い。実際にも引退世代の就業者は増加している。けれども、引退世代は嘱託などの非正規で短時間労働というのが普通であろう。

現在の日本で就業者が増加しているのは、女性と引退世代である。労働力の中核となる現役世代の男性は横ばいか、むしろ減少している。それだけで、必然的に短時間就業者が増加することになる。

こうした人口要因は大きな要因であるが、それだけではないであろう。

産業で考えた場合、雇用が著しく拡大しているのが、医療・福祉である。他方、製造業、建設業などは雇用を減少させている。そして、医療・福祉の就業時間は平均すると短く、製造業、建設業は長い。雇用形態では非正規社員が急増した。

総じて就業時間の短い部門が拡大し、長い部門が収縮する。さらに同じカテゴリーの中でも就業時間が短くなっている。そのため、就業者数は増加しても、延べ就業時間は横ばいか、むしろ微減ということになる。

2　労働生産性のゼロ成長

世界同時不況からの回復期

現在、労働生産性の上昇がほとんど止まり、それが逆に延べ就業時間の拡大を支えている可能性があることは、先ほど指摘した通りである。それでは本当に労働生産性は上昇していないのだろうか。

この問題を考える前に、世界同時不況からの回復期になぜ就業者が増加していないのかという問題を解決しておこう。この時期は民主党政権が始まった時期に重なる。

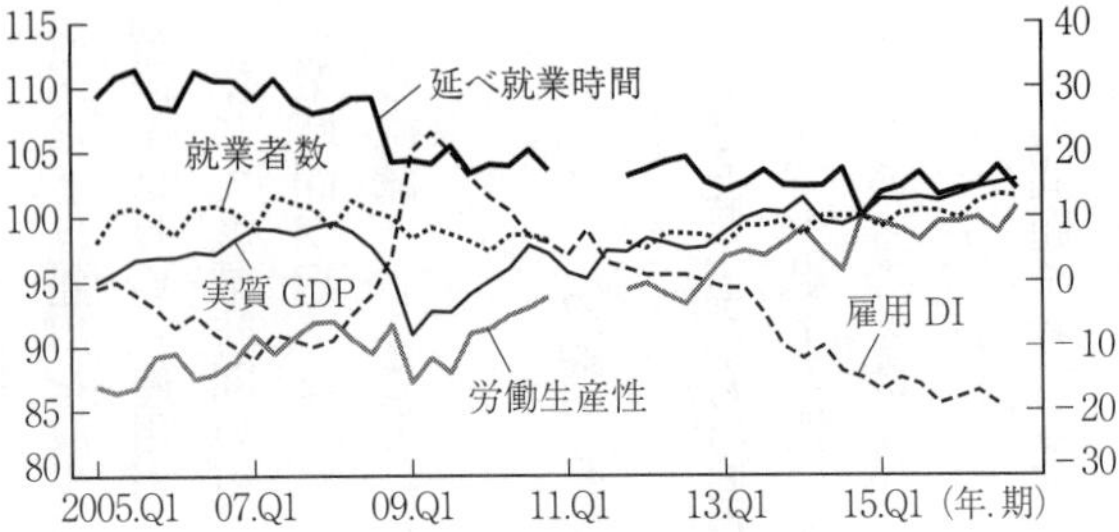

図 2-4 実質 GDP，就業者数，延べ就業時間，労働生産性，雇用 DI(2005 年第 1 四半期 − 16 年第 4 四半期)

資料：内閣府ホームページ「四半期別 GDP 速報」，総務省ホームページ「労働力調査」，日銀ホームページ

注：雇用 DI は右目盛り，他は左目盛り．雇用 DI は調査企業を 100 として，雇用が過剰と答えたものから不足と答えたものを引いたもの．それ以外は 2014 年第 4 四半期を 100 とする指数．実質 GDP は季節調整値．東日本大震災のため，11 年第 1 四半期 − 第 3 四半期の就業者数，延べ就業時間，労働生産性のデータは欠如

第1章で示したように、世界同時不況からの回復期の成長率は高い。急速な成長が雇用を生まなかったということは、それ自体として謎である。それだけでなく、後で見るように、この問題はアベノミクス下で本当に労働生産性が停滞しているのかを考える上でも重要となる。

図2-4は実質GDP、就業者数、延べ就業時間、労働生産性、雇用DIを図示したものである。雇用DI以外は二〇一四年第四・四半期を一〇〇とする指数である。雇用DIは企業を全体として一〇〇とした時に、人員が過剰であると答えたものから不足であると答えたものを引いたものである。

二〇〇五年以降の好景気の中で実質GDPは増加を続けた。しかし、就業者数は横ばいであり、延べ就業時間は微減である。その分、労働生産性は上昇を続けている。

二〇〇八年に入ると世界同時不況の中で実質GDPは急減した。けれども、就業者数はせいぜい微減である。世界同時不況期には「派遣切り」とか、「年越し派遣村」が話題になった。確かに不況の中で派遣社員は解雇された。しかし、一般的に日本企業は不況になっても、正社員の雇用を維持しようとする。

日本政府も助成金によって、雇用が維持されるように努力した。浜田（二〇一三a、一一七頁）によれば、雇用調整助成金がなければ、失業率は一二―一三％に跳ね上がるということである。世界同時不況の中でも就業者数が微減程度で推移しているのは、経済が悪化しても社員の解雇は回避するという日本的雇用慣行の結果である。その分、企業は過剰な人員を内部に抱えることとなる。そのことは、いざなみ景気の中で低下していた雇用DIが世界同時不況期には急上昇していることによっても、裏づけられるであろう。

日本の企業では残業があるのが普通である。しかし、激しい不況期には企業はこの残業時間を削減するであろう。図2-3が示すように、他の時期にも長時間就業者数が減少しているのは確かであるが、二〇〇七―一〇年には最も急減していた。

残業時間は削っても、正規の労働時間を削る企業はまれであろう。すると、すべき仕事が少ないが、労働者は会社に出勤するということになる。その結果、統計上の労働生産性は低下する。実際、図2-4を見ても、雇用DIが急上昇したのと反対に、この時期には労働生産性が低下した。

二〇〇九年から経済は急回復する。雇用DIも急低下する。しかし、過剰雇用を抱えている企業は、経済が急回復しても直ちには雇用を増加させない。すると、統計上の労働生産性は急上昇するはずである。実際、図2-4を見ると、実質GDPが急増しているにもかかわらず、延べ就業時間は横ばいであり、労働生産性は急上昇している。さらに経済が回復すると、残業時間が増加するだろう。図2-3を見れば、一〇―一二年の時期の長時間就業者数の減少は少ないことが分かる。

世界同時不況からの回復期に就業者数が増加していないのは、日本的雇用慣行の結果であって、雇用が回復していなかったからではない。雇用DIの改善、統計上の労働生産性の上昇、長時間就業者の減少が少ないという形で、雇用の回復の効果は現れているのである。

さて、就業者数の増加が始まったのは、一三年初めである。政策が効果を発揮するには時間的なラグが存在する。就業者数のラグは、他の多くの経済指標よりも、長いであろう。ところが、安倍政権が始まるといきなり就業者数が増加し始めたのである。これは逆に安倍政権成立前には、就業者数の増加の準備ができあがっていたことを示すであろう。

なお、中島・西崎・久光(二〇一六、図2、三頁)は、イギリスとユーロ圏でも、労働生産性上昇率は、世界同時不況期に異常な急低下を見せると同時に、回復期には急上昇したことを示している。これは世界同時不況期に、他の先進国でも企業が過剰労働力を抱え込んでいたことを示すだろう。

ただし、アメリカは世界同時不況期には労働生産性上昇率が急上昇し、回復期に急低下するという逆の動きを見せた。アメリカでは、企業が不況期にレイオフし、失業率を高めると同時に、それによって、企業の利益を確保したのである。

先述したように、浜田は助成金がなければ、失業率は一二―一三%に上昇していたと言う。二〇一二年末には、失業率は四%程度まで低下している。浜田の計算が正しいならば、民主党政権下で失業率は八%程度低下したことになる。驚くべき改善である。

労働生産性上昇率はほぼゼロ%

さて、アベノミクスの始まりからしばらくすると、労働生産性の停滞が始まった。二〇一四年第四・四半期から一六年第四・四半期の労働生産性はほとんど上昇していない。世界同時不況期とその回復期のように、これは見かけ上のことなのだろうか。

ここで参考にすべきものは雇用DIである。企業が過剰な人員を増やしているならば、雇用DIは上昇するはずである。世界同時不況期には実際に増加していた。しかし、アベノミクス期には雇用DIはマイナスであり、それがさらに低下した。延べ就業時間の伸びは実質GDPの伸びとほぼ同じであるにもかかわらず、企業はさらに就業時間を拡大させたいと望んでいるのである。これは本当に労働生産性が伸びていない証拠であろう。

労働生産性上昇率は日本だけでなく、他の先進国でも低下していると言われている(例えば、中島・西崎・久光、二〇一六)。日本でも労働生産性上昇率を引き下げると考えられる要因は種々存在する。

産業構造の変化を考えた場合、雇用で縮小しているのは製造業や建設業であり、拡大しているのは、サービス業、特に医療・介護である。製造業や建設業の統計上の労働生産性は高く、サービス業、特に医療・介護の労働生産性は低い。労働生産性が低い産業が拡大すると、全体の労働生産性を低めることになる。

ただし、筆者はここで「統計上の」と書いた。統計上の労働生産性は価格によって影響を受ける。それは質の異なる財・サービスを比較するためには、価格で計るしかないことを考えれば、仕方のないことである。けれども、独占やその他の要因で不当に価格を引き上げることができれば、統計上の労働生産性が上昇する。

特に医療・介護の分野は価格が規制されている。この価格が非常に低いことが、医療・介護の従事者の給与を低め、結果的に医療・介護の人手不足に拍車をかけている。これは逆に考えると、医療・介護分野の本当の生産性は統計上のものよりも高い可能性が大きいことを意味するであろう。

また雇用の質的低下も考えられるであろう。今の日本の企業で中核となっているのは、現役世代の男性正規社員である。この層の雇用は減少した。周辺部の老人、女性、非正規の層が急拡大している。しかも、この層の中でも特に拡大したのが短時間労働者である。人が仕事を覚えるのにも時間がかかる。世の中には様々な人間がいるから、週数時間のアルバイトが優れた仕事をしている場合もあろう。しかし、それが多数派とは考えにくいであろう。

労働者の質という点に関しては別の問題もある。現在、OECD（例えば、OECD, 2015）では格差が経済成長を妨げるという一連の報告をだしている。格差が大きく、貧困が広がる経済では、中・下層の人々が必要な教育やその他の訓練を受けられなくなる。こうして経済の生産性上昇が妨げられることによって、経済成長率が押し下げられることになる。
ここで注意しなければならないのは、ＯＥＣＤが言う中・下層とは貧困層のことではなく、下位四〇％を占める人々だということである。

日本においても、以前から親の所得と子どもの学力の間には正の相関があることが指摘されている。教育費の支払いが困難になるために、大学教育が受けられない人々が増えている。おそらくは、ＯＥＣＤの言うメカニズムは日本でも働いていることであろう。

教育格差の問題も以前から指摘されていた。しかし、教育格差の悪影響が顕在化するには時間がかかる。悪影響の現れ方も線形とは限らない。むしろ、ある時点で閾値に達し、急に悪影響が現れる可能性が高いであろう。

労働生産性の上昇は経済成長を進めていく上で最も重要な要素である。特に現役世代が減少する日本では、労働生産性の上昇は死活的に重要である。すなわち、中長期的に現在の状況が続くとするならば、日本の経済成長はほぼ絶望的ということである。

実質賃金率は持続的に上昇できるのか

リフレ派はデフレが脱却できれば、実質賃金も上昇すると論じてきたし、安倍首相も、賃金上昇なくしてデフレ脱却なしということを、初めから言っていた。確かに名目では物価の上昇にともなって、賃金は多少上昇するかもしれない。しかし、名目で賃金が上昇しても、物価の上昇に遅れれば、実質では低下することになる。物価上昇以上に賃金は上昇するのだろうか。

労働者は生産したものの一部を受け取る。したがって、労働生産性や労働分配率が上昇すれば、実質賃金率が上昇する。ただし、実質化するために、労働生産性はＧＤＰデフレーターで割り、実質賃金率は消費支出デフレーターで割る。そのため、ＧＤＰデフレーターの上昇率の方が高い場合には、労働生産性上昇の効果が過小に評価されることになる。それを修正するためには、ＧＤＰデフレーターと消費支出デフレーターの上昇率の差を足せばよい。

対数変化率の場合、

実質賃金上昇率
＝労働時間一単位あたりの実質ＧＤＰ増加率＋労働分配率上昇率
＋（ＧＤＰデフレーター上昇率－消費支出デフレーター上昇率）

という恒等式が成立する。なお自営業者などは賃金を受け取らないので、ここで使われるのは、

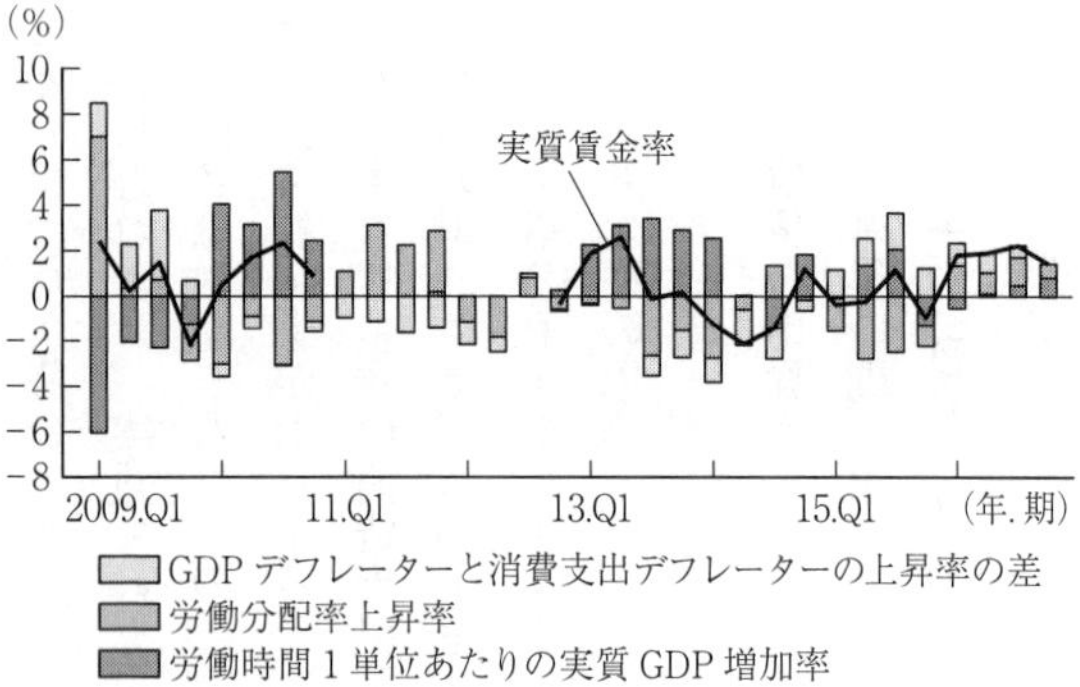

図 2-5　実質賃金上昇率とその要因分解(2009 年第 1 四半期 - 2016 年第 4 四半期)

資料：内閣府ホームページ「四半期別 GDP 速報」，総務省ホームページ「労働力調査」

注：前年同期比，対数変化率．東日本大震災のために，2011 年第 1 四半期 - 第 3 四半期の延べ労働時間のデータは欠如．そのため，11 年第 1 四半期 - 第 3 四半期，12 年第 1 四半期 - 第 3 四半期の実質賃金上昇率と労働時間 1 単位あたりの実質 GDP の増加率は計算できない

就業時間ではなく、労働時間である。

ただし、各要因は互いに独立した原因であるとは限らない。経済が落ち込んだ時に企業が余分な雇用を抱え込めば、労働時間一単位あたりの実質GDPは減少する。しかし、それと同じ理由によって、労働分配率は上昇する。両者の効果は相殺され、実質賃金上昇率に与える効果は緩和されることになる。

図2-5は実質賃金上昇率を各要因に分解して図示したものである。

二〇〇九年には労働時間一単位あたりの実質GDP増加率はマイナスだった。それを相殺するように、労働分配

率は大きく上昇し、実質賃金率は全体として増加した。一〇年には労働時間一単位あたりの実質GDPが大きく増加した。しかし、労働分配率の低下のために、実質賃金率の上昇は抑制された。

二〇一一年には東日本大震災のために、延べ労働時間のデータが途切れる。一二年末までを全体として考えると、この間の実質賃金率はほとんど増加していない。

二〇一三年に入ると実質賃金上昇率が高まった。それを支えていたのが、労働時間一単位あたりの実質GDPの比較的高い増加率である。けれども、一三年半ば以降、労働分配率の低下とGDPデフレーターと消費支出デフレーターの上昇率の差によって、実質賃金上昇率はマイナスに転じた。

円安は輸出物価の上昇によって、名目GDPを増加させる。輸入は逆にGDPのマイナス項目なので、円安により輸入物価が上昇すると、名目GDPは減少する。けれども、輸入物価の上昇は国内物価に一部は転嫁されるので、輸出物価の上昇の効果の方が大きくなる。こうして生じた名目GDPの増加に、名目賃金の増加が追いつかないと労働分配率が低下する。

また円安期の物価上昇率はGDPデフレーターよりも消費支出デフレーターの方が大きかったので、GDPデフレーターと消費支出デフレーターの上昇率の差もマイナスである。

こうして円安によって実質賃金率は低下した。

一四年以降は状況が変わる。労働時間一単位あたりの実質ＧＤＰの増加率はほぼゼロである。しかし、原油安の結果、実質賃金率は上昇する。原油安は消費支出デフレーターを低下させるけれども、輸入価格の低下によってＧＤＰデフレーターは逆に上昇する。もっとも、同じ理由と、消費税増税の効果によって、労働分配率は低下した。一五年半ば以降は、原油安に円高効果が加わることによって、ＧＤＰデフレーターと消費支出デフレーターの上昇率の差が広がり、労働分配率も上昇した。

しかし、労働分配率の上昇は企業の収益を圧迫することになる。何よりも日銀は円高を回避するために金融緩和を行っている。今の政府や日銀は労働分配率を上昇させるような政策を実施するとは思えない。

労働生産性上昇率が低迷している現状では、中長期的に実質賃金を引き上げていくことは無理であろう。

三つの停滞

本章では、日本経済は実体経済が停滞しているだけでなく、雇用も労働生産性も停滞していることを明らかにした。

就業者が増加したといっても、短時間就業者が増加しているにすぎない。延べ就業時間で考えるならば、アベノミクス期にはむしろ減少した。ただし、二〇一五年以降は延べ就業時間でも微増に転じている。これまで減少していた正規の雇用者も増加に転じた。

けれども、二〇一四年以降、労働生産性の上昇率はほとんどゼロにまで低下した。アベノミクスは二％の実質経済成長を実現させることを目標としている。それを実現するためには、延べ就業時間を増加させるか、労働生産性を上昇させるか、あるいはその両方が必要である。

女性と高齢者の就業の拡大によって、就業者は増加するかもしれない。しかし、彼らの就業時間は比較的短時間であろう。加えて、過労死問題を解決すべく、現在の政府は長時間労働をなくすべく努力をしている。これはよい政策だと筆者は評価するが、こうした政策が成功するほど、延べ就業時間は短くなる。

今後を考えると、現役世代が減少する現在の状況では、中長期的に延べ就業時間増加率をゼロと見込んでも、楽観的だと思われる。これを前提とすると、経済成長の目標実現のためには、労働生産性を毎年二％引き上げる必要がある。ところが、現実の労働生産性上昇率はほぼゼロである。これではとても目標を達成することはできないであろう。

アベノミクスは賃金の上昇も目標としている。ＧＤＰデフレーターと消費支出デフレーターの上昇率の乖離が長期的に持続すると考えることは難しい。だから、実質労働生産性上昇率がゼロかマイナスの状況で賃金を引き上げるということは、労働分配率を引き上げるということである。政府の分配分（間接税マイナス補助金）を同じと考えるならば、企業の分配は減少する。厳密には賃金上昇は労働者数か労働時間あたりで勘定し、企業の利益は総計で勘定する。こうした違いによって、論理的には賃金上昇と利潤上昇が両立する可能性はないとは言えないが、この効果は大きなものではない。

こうしたことから、二％の実質経済成長率と実質賃金の相当分の上昇は、アベノミクスの目標の中で最も実現困難な目標だと筆者は考えている。労働生産性の上昇なき雇用の改善は、政策の成果ではなく、失敗なのである。

第3章　デフレ脱却という神話

1　輸入インフレの終焉

輸入インフレ

図3-1は消費者物価上昇率と輸入物価上昇率を図示したものである。ただし、消費者物価上昇率は消費税増税の効果を省いている。輸入物価上昇率は六カ月前の数字である。

異次元緩和が始まると、消費者物価上昇率が前年同月比でプラスに転じた。日銀がインフレ目標の対象とする指数は、生鮮食品を除く指数（コア指数と言う）である。このコア指数の上昇率で見ても、一四年四月には一・五％まで上昇した（消費税増税の効果は省く）。デフレ脱却にはあと一息のように見えた。しかし、その後、消費者物価上昇率は再び低下した。一六年一二月のコア指数の上昇率は、マイナス〇・二％である。こうしてデフレ脱却の公約（安倍首相の公約

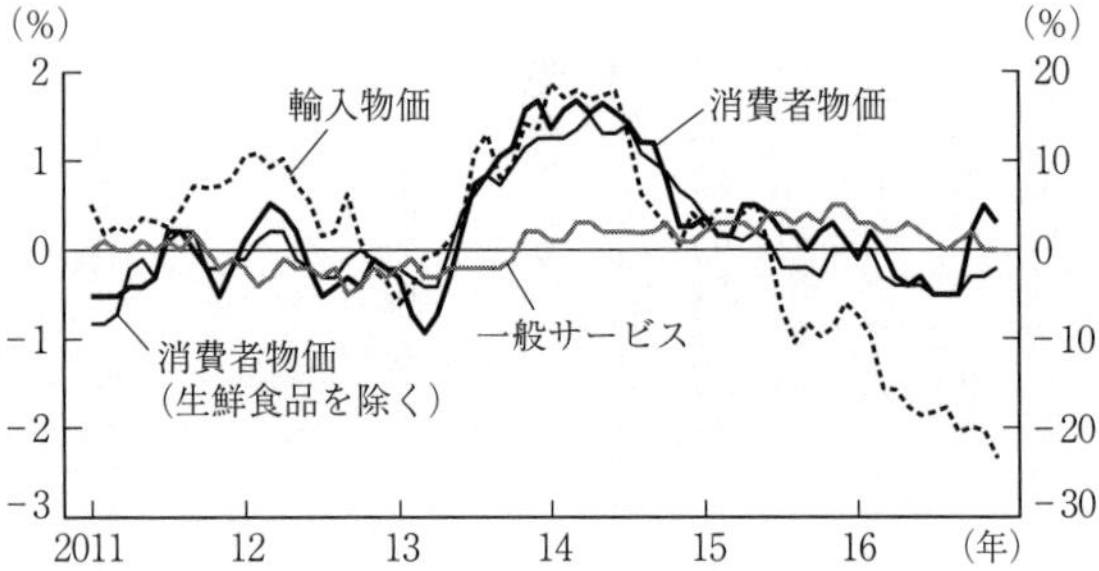

図 3-1　各種消費者物価と輸入物価の上昇率(2011 年 1 月－16 年 12 月)

資料：総務省ホームページ「消費者物価指数」，日銀ホームページ

注：輸入物価は右目盛り，他は左目盛り．前年同月比．輸入物価は 6 カ月前の上昇率．消費者物価と消費者物価(生鮮食品を除く)の上昇率は日銀の推計に基づき消費税増税の効果を省く．一般サービスの上昇率は，2014 年 3 月と 4 月，15 年 3 月と 4 月の差の平均が消費税増税による効果と見なして，これを省いた

というよりも日銀の公約なのかもしれない)もあっけなく反故にされた。

図3－1を見ると、輸入物価上昇率の上昇に六カ月の遅れをともない消費者物価上昇率は連動していることが分かる。すなわち、アベノミクスが始まる前から円安が生じ、それが輸入物価を引き上げた。それによって、輸入インフレが生じた。ところが、一四年後半から世界的に原油価格が急落する。一五年後半からは円高も進行する。こうして輸入物価上昇率がマイナスになると、それに連動して消費者物価上昇率もマイナスへと下降した。

前著『アベノミクスの終焉』(服部、二

○一四、二九―三二頁)では、消費者物価の上昇は円安による輸入インフレの結果であるから、円安の進行が止まり、輸入物価の上昇も止まれば、輸入インフレも止まるであろうと論じた。その通りのことが起きたのである。

企業が利潤を得るためには、生産する財の価格がコストを上回る必要がある。しかし、ある企業が一社だけ価格を引き上げると、同業他社に顧客を奪われるであろう。だから、同業他社の価格も考慮する必要がある。円安によって原材料(燃料)のコストが上昇する場合、国内の同業他社も同じようにコストが上昇する。こうして円安はコスト・プッシュ型の物価上昇を引き起こすであろう。

ただし、経済のグローバル化が進んだ現在、同業他社には韓国や中国などの企業も含まれる。円安は外国の同業他社の製品価格を引き上げる。したがって、円安は、原材料(燃料)のコスト上昇だけでなく、外国の同業他社の製品価格の上昇効果によっても、製品価格を引き上げることになる。

コスト説は、こうした形で円安による輸入物価の上昇が消費者物価を引き上げたと考える。

人件費の比重が高い一般サービスは原油などの輸入原材料(燃料)の影響を最も受けない分野の一つであろう。そこで、図3-1には一般サービス価格の上昇率も図示している。一般サービス価格は最も上昇した時でも、〇・五％と低迷していた。そして、円安インフレが終わると、この低い上昇率が低下し、一六年一二月の上昇率はゼロとなっている。

一般サービスにおいても、電力などを使用する。だから、少ないながらも輸入原材料(燃料)の価格変動の影響は受ける。

当時のマスコミを見ても、異次元緩和が始まった段階での物価上昇は、輸入インフレがもたらした「悪いインフレ」だという主張が広範になされていた。けれども、コスト説は個別の価格と一般物価水準を区別しないものであり、経済学を理解していないものとして、リフレ派は批判してきた。

実際、岩田(二〇一四)は、輸入インフレ論に反論した(岩田の反論自体が、輸入インフレ論の広がりを傍証するものだろう)。円安により輸入物価が上昇すると、一部の財の価格の高騰により実質所得が減少する。すると、他の財に対する需要が減少するので、他の財の価格が低下する。その結果、一般物価は上がるとは限らないと論じていた。

筆者には輸入物価や原油価格が高騰した時に、一部の財・サービスの価格が下がるという話は信じられない。逆にこうしたものが存在するならば、どの財・サービスがそれに当たるのか教えて欲しいと思う。その候補の筆頭にあがりそうなのは、一般サービスだと思うが、実際には輸入物価上昇率に少しは連動していた。その意味でリフレ派のように個別価格と一般物価を区別するのは間違いだと筆者は考えている。

さらに、岩田(二〇一四、図表16)では統計的な事実として、一九九八年四月―二〇一三年三月の円ドル・レート変化率と消費者物価(コア指数)上昇率の間の相関係数がマイナス〇・一五であることも指摘している。

けれども、円安と輸入物価の上昇とは必ずしも一致しない。円安が進行しても、世界的に原油価格が急落すれば、輸入物価は低下することもある。実際、一五年に入ると、原油価格の急落によって、輸入物価の上昇率はマイナスになり、それが消費者物価上昇率を引き下げていることが、図3-1から読み取れる。しかし、この間、円ドル・レートは急速に下落していた。また輸入物価の上昇が消費者物価を引き上げるのには、時間的なラグが生じるはずである。

そこで、六カ月のラグをとって、輸入物価、円ドル・レートと、各種消費者物価の上昇率の相関を計算しよう。結果を図示したものが表3-1である。

岩田が使った期間のデータでは、六カ月のラグをとっても、円ドル・レートとコア指数の相関はマイナスである。他の二つの消費者物価指数ではプラスであるが、その値は小さい。確かに円ドル・レート上昇率と消費者物価上昇率の間には関係がないように見える。けれども、輸

表 3-1　各種消費者物価，輸入物価，円ドル・レートの上昇率の相関

1998 年 4 月 − 2013 年 3 月

	消費者物価	消費者物価(生鮮食品を除く)	消費者物価(酒類以外の食料及びエネルギーを除く)	輸入物価	円ドル・レート
消費者物価	1.000				
消費者物価(生鮮食品を除く)	0.891	1.000			
消費者物価(酒類以外の食料及びエネルギーを除く)	0.562	0.662	1.000		
輸入物価	0.518	0.474	0.131	1.000	
円ドル・レート	0.042	−0.061	0.053	0.316	1.000

2005 年 1 月 − 2016 年 12 月

	消費者物価	消費者物価(生鮮食品を除く)	消費者物価(酒類以外の食料及びエネルギーを除く)	輸入物価	円ドル・レート
消費者物価	1.000				
消費者物価(生鮮食品を除く)	0.953	1.000			
消費者物価(酒類以外の食料及びエネルギーを除く)	0.640	0.621	1.000		
輸入物価	0.550	0.567	0.074	1.000	
円ドル・レート	0.451	0.389	0.632	0.291	1.000

資料：総務省ホームページ「消費者物価指数」，日銀ホームページ

注：前年同月比．輸入物価と円ドル・レートは 6 カ月前の上昇率．2005 年 1 月 − 16 年 12 月の各種消費者物価の上昇率は日銀の推計に基づき消費税増税の効果を省く

入物価との相関は総合指数、コア指数では〇・五程度であり、相関があると言える。より最近の二〇〇五年以降のデータでは、輸入物価との相関は、〇・六に近い。円ドル・レートとの相関も低くない。ただし、酒類以外の食料及びエネルギーを除く指数(コアコア指数)の場合には、輸入物価との相関は低く、円ドル・レートとの相関は高い。輸入物価の上昇は数カ月の遅れをともなって、消費者物価を上昇させると結論できる。

なお、ここでの論点とは直接関係ないとしても、円安は実質所得を減らし、消費不況を引き起こすはずだという岩田の反論は奇妙である。もともと円安政策の目的は輸出を拡大させ、所得を増加させることにあったはずだからである。

ただし、一二年終わりからの円安では、円安にもかかわらず、数量では輸出は伸び悩み、輸入は急増した。円安による価格の上昇は輸入価格の方が大きいから、全体として海外への所得の流出が大きくなったはずである。こうした根拠に基づいて円安は実質所得を減少させたという批判はあったし、筆者もそれは正しいと考えている。けれども、岩田はこうした円安政策批判に与するのだろうか。

原油価格の急落

その後、原油価格が世界的に急落し、輸入物価が下がる。すると、二〇一五年一二月、岩田(二〇一五c)は、原油価格の急落が物価を引き下げたと主張した。しかし、円安によって全ての輸入品の価格が急上昇しても、輸入インフレは生じないが、原油という一商品の価格が急落すれば、輸入デフレが生じるという主張は、岩田と日銀にとっては都合のよい主張であるが、理論としては破綻している。

先述したように、日銀がインフレ目標の対象と考えている消費者物価は、生鮮食品を除いたコア指数である。原油価格の低落は特にエネルギー価格を引き下げるので、コア指数の上昇率は大きく下がり、ついにマイナスとなった。そこで、日銀は生鮮食品とエネルギーを除く指数(日銀版コアコア指数)が物価の基調を表すものであると強調し始めた。

コアコア指数は日銀版コアコア指数とよく似た指標であり、より一般的に使用される指数である。それにもかかわらず、日銀がコアコア指数を物価の基調として使わないのは、日銀版コアコア指数の上昇率の方が高いからだと筆者は信じている。筆者にはそれ以外の合理的な理由は思いつかない。もしあれば、教えて欲しいと思う。

さて、二〇一五年一二月、岩田(二〇一五c)は、エネルギー以外の部分の価格が上昇していることをもって、物価の基調は上昇にあるとした。その上で、「二〇一五年に入ってからは、二%に向けた上昇軌道に戻っていると考えています」と述べる。

ところが、一六年に入ると、日銀版コアコア指数もその上昇率は急低下する。この事実を無視するかのごとく、一六年八月に岩田(二〇一六a)は、「「賃金の上昇を伴いつつ、物価上昇率が緩やかに高まっていく」というメカニズムは、この先もしっかりと働くと考えられます」と述べた。

確かに世界的な原油価格は一六年初めに底を打っていた。しかし、コア指数の上昇率はマイナスのままである。日銀版コアコア指数の上昇率も、一二月には〇・一%にまで低下した。岩田は二%に向けた上昇軌道に戻ると繰り返し述べているが、実際の物価上昇率はゼロに向かって下降軌道に戻っている。ここでも生じた事態は岩田の見通しと正反対である。

なぜこのような結果が生じたのだろうか。図3-2はコアコア指数、日銀版コアコア指数、円ドル・レート、食料及び石油・石炭・天然ガスを除く輸入物価上昇率を図示したものである。図を見ると、コアコア指数や日銀版コアコア指数の上昇率は、六カ月の遅れをともない、円ドル・レートや食料及び石油・石炭・天然ガスを除く輸入物価の上昇率と連動して上下していることが分かる。

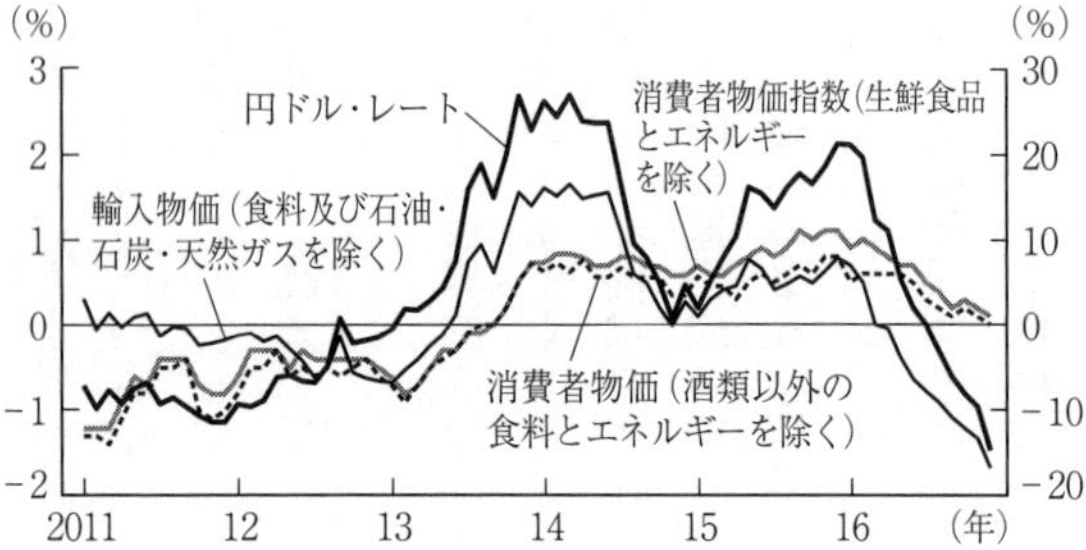

図 3-2　各種消費者物価，輸入物価，円ドル・レートの上昇率
(2011 年 1 月 − 16 年 12 月)

資料：総務省ホームページ「消費者物価指数」，日銀ホームページ

注：輸入物価(食料品・飼料，石油・石炭・天然ガスを除く)と円ドル・レートは右目盛り，他は左目盛り．前年同月比．輸入物価と円ドル・レートは 6 カ月前の上昇率．各種消費者物価の上昇率は日銀の推計に基づき消費税増税の効果を省く

一五年初めから世界的な原油価格の低落を受けて、輸入物価は急速に低下した。しかし、円ドル・レートの急低下によって、食料及び石油・石炭・天然ガスを除く輸入物価上昇率は、一五年半ばまでは、前年同月比で五％、もしくはそれ以上の上昇を見せていた。ところが、その後の円高にともない、食料及び石油・石炭・天然ガスを除く輸入物価上昇率は急速にマイナスへと転化する。それが、数カ月のラグをともない、コアコア指数や日銀版コアコア指数の上昇率を低下させたのである。

このようにコアコア指数や日銀版コアコア指数の上昇率の低下も、為替レートや輸入物価の上昇率の変動で簡単に説明できる。

為替レートと輸入物価の影響を考えない岩田の見通しが狂うのは当然の話である。世界的な原油価格の急落も、急激な円高も政府と日銀にとって想定外の事態だったかもしれない。しかし、無限の円安を続けることができると考えることは非現実的だろう。つまり、円安による輸入インフレが持続不可能だったことが、問題の本質である。

物価上昇率の基調はゼロ近傍で安定

審議委員の原田(二〇一六)は、二〇一六年一〇月の講演で次のように述べる。「ＧＤＰデフレーターは原油価格などの変動が基本的には反映されず、経済の基調的な物価を示す物価指数です。この基調的な物価を見ると、量的・質的金融緩和政策の導入後、それ以前一〇年間の年率マイナス一・二％から反転し、年率〇・九％で安定的に上昇しています(ただし、ここ一年の上昇率は〇・六％となっています)」。

原田もまた物価の基調が上昇しているかのように論じている。しかし、ＧＤＰデフレーターは輸出物価を含む。円安になり輸出物価が高騰すると、ＧＤＰデフレーターが上昇する。逆に輸入物価は差し引くため、原油価格が急落した時には、ＧＤＰデフレーターは上昇する。

二〇一六年第二・四半期では、民間最終消費、民間住宅、民間設備投資、政府最終消費、公

的資本形成、輸出、輸入のデフレーターの上昇率は、前年同期比で全てマイナスであった。それにもかかわらず、GDPデフレーターがプラス〇・四％となっているのは、輸入デフレーターの上昇率マイナス一六％がGDPデフレーターを引き上げたからである。GDPデフレーターが物価の基調であるとはとても言えないだろう。

しかも、一六年第三・四半期、第四・四半期には、GDPデフレーターの前年同月比はマイナスに転じている。

ただし、特殊要因で目標とする物価が一時的に上下している時、特殊要因を省いて物価の基調を判断することは正しいと筆者も考える。筆者が反対するのは、日銀版コアコア指数やGDPデフレーターを物価の基調として使用することである。

筆者が物価の基調として（完全でないとしても）使用可能だと考えているのが、日銀提供の加重中央値である。そもそも平均値が一部の極端なプラス・マイナスの影響を受け、歪みが生じている時、中央値を使用することが、統計データの使い方の基本である。加重中央値はこうした統計の基本に則した指標であり、日銀関係者が使う恣意的な指標とは根本的に異なる。

加えて、加重中央値が物価の基調として適切だとすれば、日銀の政策目標として利用できる可能性もあろう。

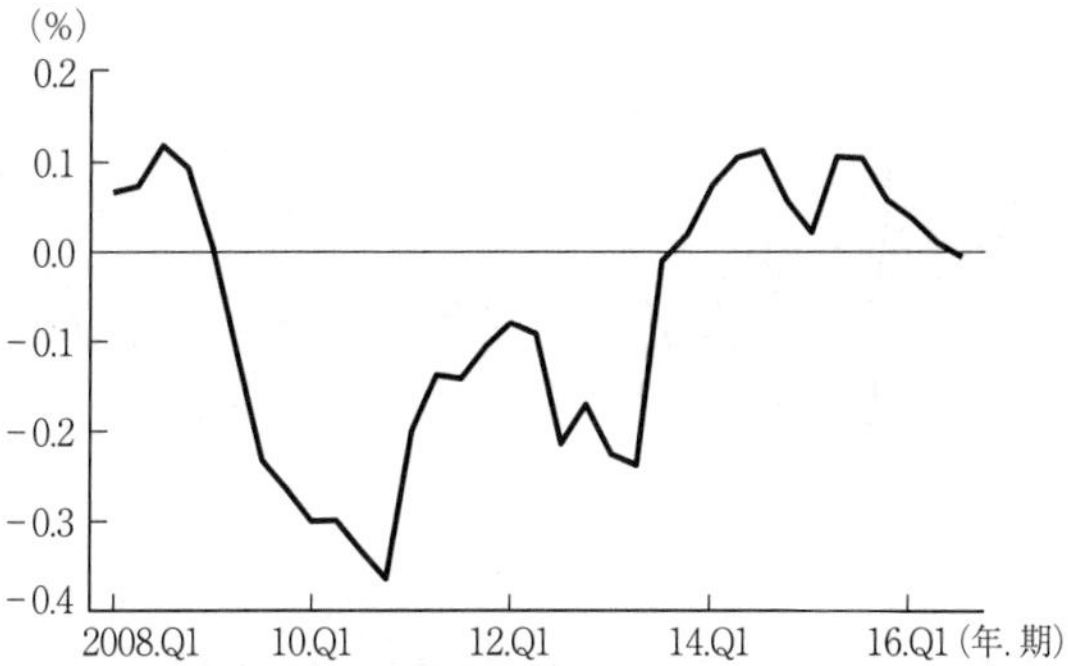

図 3-3　消費者物価(加重中央値)上昇率(2008 年第 1 四半期 − 16 年第 4 四半期)

資料：日銀ホームページ

注：前年同期比．消費税増税の効果は省く

図3−3はこの加重中央値の上昇率を図示したものである。二〇一二年後半から一三年前半の上昇率は、前年同期比でマイナス〇・二%だった。それが一四年から一五年にかけて〇・一%に上昇しただけである。しかも、その後、低下し、一六年第三・四半期、第四・四半期には再びゼロに戻っている。

なお〇・一%は二〇〇八年の数値とほぼ同じである。〇八年には世界的な原油高騰が物価を押し上げていた。逆に〇九年には、原油価格の低落が物価を押し下げた。大小があっても、原油価格、輸入物価の高騰の影響を全く受けない消費財はない。それを考えると、わずかな上昇率の上下も、原油価格や輸入物価の影響だと考えることができる。

過去にさかのぼっても、一九九八年以降、加重中央値の上昇率はゼロ近傍で一貫している。加重中央

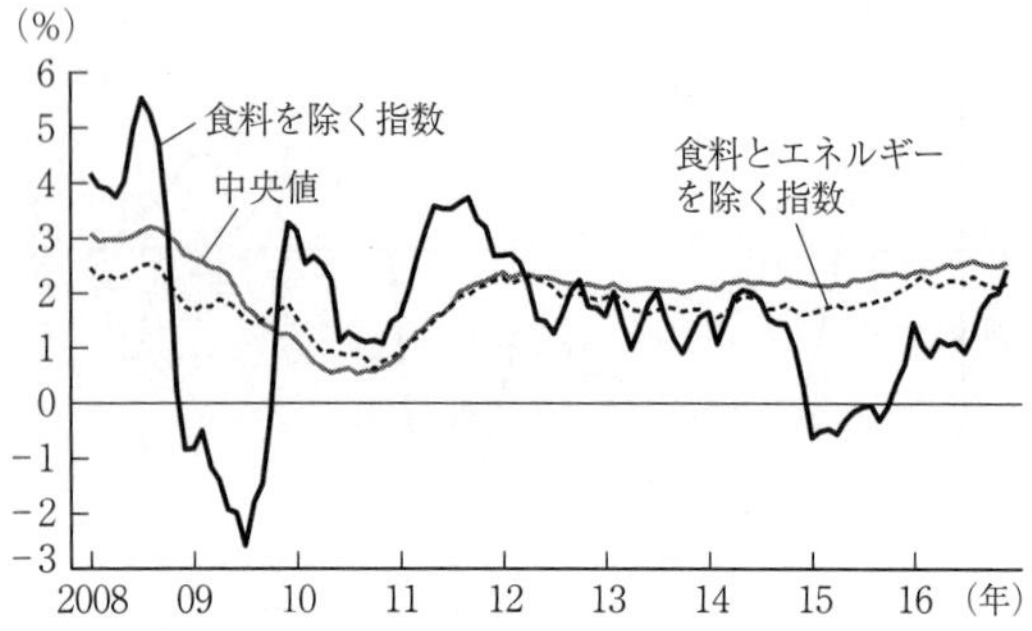

図 3-4　アメリカの消費者物価上昇率(2008 年 1 月－16 年 12 月)

資料：セントルイス連邦準備銀行ホームページ
注：前年同月比

値を使うと、少なくとも二〇年近くの間、物価上昇率の基調がゼロ近傍で安定していることが分かるであろう。

アメリカの物価上昇率は二%を上回る

「世界の中で日本だけがデフレ」というのが、岩田などリフレ派による日銀批判の常套句だった。また現在の日銀の政策はアメリカ標準だとされている。そのアメリカはどのようになっているのだろうか。

図3−4はアメリカの消費者物価の上昇率を図示したものである。確かに食料を除く指数では、エネルギー価格の変動を受けて、乱高下している。最近でも、二〇一五年には世界的な原油価格急落の中で、上昇率はマイナスに陥った。けれども、その後は上昇に転じ、一六年一一月以後は二%を超えている。

一六年に日本の消費者物価上昇率がマイナスだったのとは正反対である。

食料とエネルギーを除く指数の上昇率は、リーマン・ショック後急低下し、一時は一％を切った。けれども、一一年に入ると急上昇した。物価の基調を示す中央値も同様である。いずれも一一年半ば以降は、その上昇率は二％程度で、驚くべき安定性を見せている。しかも、一六年には少しであるが、上昇傾向を見せている。特に中央値に関しては、アベノミクス以前から日本がゼロ近傍で低位安定だったこととは対照的である。

今や岩田の批判に答えるべきは岩田自身である。原油価格の急落も、新興国の経済減速も影響を受けるのはアメリカも同じである。それにもかかわらず、なぜアメリカはデフレを回避している一方、日本では一度は上昇していた物価上昇率が低下し、デフレに戻っているのだろうか。

消費税増税だけは日本だけの問題である。けれども、消費税増税の影響は増税時が最大でその後減衰していくだろう。ところが、日銀関係者が使いたがる日銀版コアコア指数の上昇率は一五年中は上昇していたが、一六年に入ると急速に低下する。この低下は消費税増税では説明できないであろう。

論理的に考えて、その答えは現在の日銀がアメリカ標準の金融政策を実施していないのか、アメリカ標準の金融政策では日本のデフレが回避できないのかのいずれかであろう。いずれにしても岩田の失敗である。

もっとも、筆者はアメリカが理想の社会とは全く思わない。普通の労働者の実質賃金は四〇年にもわたり停滞を続けている。第1章で示したように、雇用の回復はきわめて遅い。アメリカの現状はデフレが回避できたとしても、それでマクロ経済が安定化するとは限らないし、中間層以下の人々の生活が改善するとは限らないことを示していると筆者は考えている。

2　日本銀行は責任を転嫁する

デフレ脱却はいつも一年後か、二年後

現在の日銀は、最初、二〇一五年三月頃を目処に消費者物価上昇率を二%に引き上げると主張していた。実際には、すでに四年が経とうとしているにもかかわらず、未だ目標を達成できていない。そして、目標達成が不可能だと分かるたびに、達成時期を先送りする。

二〇一四年一〇月、日銀は目標の達成時期を、一五年度を中心とする期間に先送りした。半年後の一五年四月には一六年度前半頃に先送りした。一〇月には一六年度後半頃に先送りした。

目標の達成が不可能だと分かっても、一年経てば、目標が達成できると言い続けていることが分かる。

しかし、一六年四月には、達成時期を一七年度中に先送りした。最大で一八年三月、すなわち、ほぼ二年後まで先送りしたことになる。少しは彼らも学習したようである。

筆者は、『週刊エコノミスト』の一六年九月一三日号(服部、二〇一六、八四頁)に、「日銀は、デフレ脱却を四度先送りした。審議委員の見通しもことごとく外れている。加えて、今年は円高進行を受けて最近の消費者物価上昇率が低下傾向にある。黒田総裁の任期中にデフレ脱却が達成できる見込みは薄いと、一般的には考えるであろう」と書いた。

早くも一〇月末―一一月初めの金融政策決定会合で、日銀は五度目の先送りをした。この時、彼らは次のような見通しを示した。

> 消費者物価(除く生鮮食品)の前年比は、当面小幅のマイナスないし〇%程度で推移するとみられるが、マクロ的な需給バランスが改善し、中長期的な予想物価上昇率も高まるにつれて、見通し期間の後半には二%に向けて上昇率を高めていくと考えられる(日本銀行、二〇一六d、一頁。ただし、傍点は引用者による。また見通し期間の後半とは二〇一八年度後半を意

味する)。

黒田総裁の任期中にデフレ脱却が達成できないという見通しを日銀も共有するに至ったのである。こうなることは予想していたが、これほど早いとは思わなかったというのが、筆者の正直な感想である。

続く二〇一七年一月末の日銀政策決定会合(日本銀行、二〇一七、八頁)における、日銀の審議委員の二〇一七年度の物価上昇率の見通しの中央値は一・五%である。最大と最小を省いた大勢見通しの範囲は、〇・八—一・六%である。筆者が計算してみると、一七年一月以降、毎月年率二%に相当するだけ物価が上昇し続ければ、一七年度平均の上昇率は一・五四%になる。

もちろん、実際に審議委員(全部ではないが、多くの委員)が実際にこのように計算して見通しを立てたのかどうかは、筆者には分からない。また年度平均の上昇率だけでは、各月の上昇率の分布を引き出すことはできない。計算上では、一七年三月まで物価は上昇せず、四月から毎月年率で二・七%ずつ上昇していく場合には、年度平均の上昇率は一・五〇%となる。なお一六年四月から一二月にかけて、物価は上昇していない。

物価上昇が始まる時期が三カ月遅れただけで、必要とされる物価上昇率は一%近く引き上がる。常識的に考えて、一七年四月から三％近い物価上昇が開始すると審議委員が予測しているとは思えない。逆に考えれば、多くの審議委員は、今すぐにでも消費者物価が年率二％のペースで上昇していくと予測していることになる。もっとも、これまでのことを考えると、筆者の常識を越えるようなことを考えている可能性を否定できないことが悩ましいところである。

経済予測は当たらないのが普通である。筆者も見通しを外すことはある。しかし、これまで五度も見通しを外しているのである。ところが、この間、目標の達成時期を一年後から二年後に変えただけで、本質的な部分は全く変更していない。それどころか、今すぐにでも年率二％で上昇していくと予測している可能性も高い。驚くべき学習能力のなさである（まともな判断能力のある人ならば、この意見に同意してもらえると筆者は信じている）。

「言うは易く行うは難し」という言葉がある。「一年後（もしくは二年後）にはデフレが脱却できる」と言って、達成できなければ、外的要因に責任を押しつけて、達成時期を先送りする。これだけならば、中学生にもできる。日銀の仕事は中学生にもできる簡単なものなのだろうか。

黒田の「バズーカ砲」から「戦力の逐次投入」へ

貨幣を供給するのが日銀の仕事だとされる。しかし、日銀は刷ったお札をただで誰かに配っているわけではない。日銀が貨幣を供給するルートは基本的に二つである。一つが銀行などの金融機関への貸出である。もう一つが国債などの証券の購入である。現在では、貨幣の供給は国債など証券の購入のルートがほとんどを占める。

銀行が受け取った資金は、日銀に当座預金として残すか、現金として手元に保有するか、預金者が預金を引き出した時の支払いに使われるかのいずれかとなる。日銀の供給した資金の総量（マネタリーベースと言う）は、日銀当座預金と、銀行とその他の人々の現金保有の和に等しくなる。

銀行などの金融機関の間で資金を貸し借りするところを、インターバンク市場と言う。日銀から資金が供給されると、インターバンク市場において、資金の供給が増加し、その金利（コール・レート）が低下する。日銀は、通常、このコール・レートの操作を通じて、金融政策を行ってきた。

しかし、すでにこのコール・レートはほぼゼロである。金利の引き下げは事実上不可能である。ところが、岩田（二〇一二、九二―一二〇頁）はこのマネタリーベースを増加させれば、インフレ期待が生じ、このインフレ期待によって、消費者物価は本当に上昇すると主張した。実際にも、リーマン・ショック後のアメリカで、ＦＲＢがマネタリーベースの大量供給によってデフレに陥ることを防ぎ、経済を回復させるのに成功したと述べていた。

ただし、マネタリーベースはマネーストックとは異なる。マネーストックも低い増加率で増加しているが、それは以前からのことである。異次元緩和によって、マネーストックの増加率が目に見えて急上昇したということは生じていない。

けれども、岩田(二〇一二、二一七―二二〇頁)はデフレ脱却には貨幣と銀行貸出の増加は不要であると論じている。デフレ期には取引に使われず遊休している貨幣が大量に生じている。デフレが終わると、それが取引に使われるようになるからである。

このマネタリーベース増加政策を量的緩和政策と言う。日本ではすでに、二〇〇一―〇六年に量的緩和政策が実施されていた。二〇〇八年の危機後は同じような政策が、アメリカやヨーロッパでも実施されている。

ただし、バーナンキ(二〇一五、下、一九二―一九三頁)はFRBの量的緩和政策は日本の量的緩和政策とは異なると言う。日本の量的緩和はマネーサプライの増加を目標としたのに対し、FRBのそれは、より長期の金利を低下させることが目的だったからである。失敗した日本の量的緩和と区別するために、バーナンキは信用緩和という用語を使ってもらおうとしたが、成功しなかったとも書いている。バーナンキが日本の量的緩和に否定的評価を下していることは興味深い。

さて、リフレ派理論にしたがい、黒田＝岩田日銀は、体制発足後まもない二〇一三年四月、量的・質的緩和（異次元緩和）政策を実施した。彼らはマネタリーベースを年間六〇兆―七〇兆円増加させることを決めた。

そのために、年間五〇兆円の国債を購入することにした。特に長期金利を引き下げるために、より長期の国債を購入することにした。長期の金利にはまだ引き下げる余地があったから、引き下げることにしたのである。

加えて、社債、株式投資信託（ETF）、不動産投資信託（REIT）も購入した。これは社債の金利を低下させると同時に、株価や不動産価格を引き上げるための措置である。この部分が量的・質的緩和のうち、質的に相当する部分である。

異次元緩和は黒田の「バズーカ砲」とも呼ばれていた。日銀は戦力の逐次投入の愚を避け、一撃でデフレを退治すると説明していた。しばらくの間は消費者物価上昇率が上昇していた。彼らはその成果に酔いしれていた。

ところが、一時は上昇した消費者物価上昇率が、その後低下したことは先述した通りである。デフレ脱却が思い通りに進まないために、日銀は次々と新たな緩和措置を発表する。二〇一四年一〇月には、追加緩和によって、国債購入額を五〇兆円から八〇兆円に拡大した。一五年一二月には補完緩和によって、ＥＴＦ、ＲＥＩＴの買い入れ枠を拡大した。

こうした措置は戦力の逐次投入である。ここでも日銀の見通しは外れているのである。

マイナス金利から長短金利操作付き量的・質的金融緩和へ

日銀は二〇一六年二月にマイナス金利政策を導入した。

銀行は、預金に応じて、日銀に当座預金を積み立てる義務がある（これを法定準備と言う）。しかし、金融緩和が進んだ結果、異次元緩和が始まる前から、日銀当座預金は法定準備を大幅に超えていた。日銀が国債を購入しようとしても、売る銀行が現れないという事態も生じていた。そこで、〇八年一一月以降、法定準備を超える部分については、〇・一％の金利がつけられた。利子をつけることによって、国債を売った銀行が利益をあげられるようにしたのであった。

その代わりに金利の低下が抑えられる。そこで、二〇一六年二月以降、新たに銀行が積み立てた日銀当座預金のうち、一〇兆―三〇兆円程度（実際にいくらにするかは日銀が調整する）に〇・一％のマイナス金利をかけることにした。なお二月までに積み立てられた部分から法定準備分を引いたものには、従来通り、〇・一％の利子が支払われている。残りの部分の金利はゼロだから、新たな措置によって、日銀当座預金には三通りの金利がつけられることになった。

その結果、長期国債の金利もマイナスとなった。すると、投資信託が利益をあげられず、新規募集が停止となった。だから、マイナス金利の導入に対する反発が強かった。反発の理由はそれだけではない。マイナス金利が導入されるまで、黒田はその導入を否定した。そのため、日銀の国債購入に協力を続けてきた銀行などは、裏切られたと感じた。そして、反発は金融機関だけでなく、経済界一般にも広く共有された。

しかし、政策手段がマネタリーベースから金利に変化したのは奇妙である。この背後には、異次元緩和の限界がある。

日本の国債の新規発行は年三〇兆—四〇兆円、日銀の国債購入は年八〇兆円程度である。この状態が続くと、近い将来、国債を購入しようとしても売り手がいなくなることが懸念されたのである。

日本の国債残高は一〇〇〇兆円という巨額である。しかし、国債は金融機関の担保として利用されている。生命保険会社などの機関投資家にとって、資金の運用先として国債は重要である。だから、全てを日銀が買い取ることができるわけではないのである。岩田一政・左三川郁子・日本経済研究センター編著(二〇一六、八五—一〇〇頁)の計算では、このまま行くと、二〇一七年半ばには国債購入が行き詰まることになる。

審議委員の木内(二〇一六)は、二〇一六年二月の講演で、当面の国債買い入れの持続性・安定性を高めるために、購入額を年間四五兆円に減少させる私案を提起している。

もっとも、どこまで国債が購入できるかは価格の問題でもある。極端な話、価値が一兆円の国債を日銀が二兆円で購入するとすれば、応じる金融機関も現れるかもしれない。けれども、それでは、高値で購入した日銀が、最終的には日本国民が損失を被る。こうした政策が望ましいとも思えない。

さらに、出口の問題もある。首尾よくデフレ脱却に成功した場合、金融を引き締めて、インフレを抑えなければならない。そうした状況では金利も上昇しているだろう。しかし、金利が上昇すると国債の価格は低下する。それまで供給した大量の資金を回収するために、日銀が大量に国債を売却すると、さらに国債価格が低下する。最悪の場合、国債を売り尽くし、日銀が多額の損失をだしても、資金が十分に回収できない場合もあり得るだろう。

代わりの策として、日銀当座預金につける金利を引き上げることも考えられる。しかし、つける金利が二%でも、当座預金が四〇〇兆円だと、毎年八兆円の利子を支払わなければならなくなる。法定準備の引き上げも代替策だが、これは銀行に事実上の課税をすることであるから、大幅な引き上げは銀行の反発を招くだろう。反発がなかったとしても、それが公正で効率的な政策と言えるかどうかは疑問である。

そこで、マイナス金利が導入されたのである。

さて、異次元緩和が始まる前には、安達(二〇一三、一一七―一一九頁)は日銀がGDP比二〇〇%にのぼる国債を全て購入しても、経済は変わらないということは、常識的に考えてあり得ないから、どこかの時点でデフレは脱却できると論じていた。このリフレ派の「常識」も打ち破られそうである。それだけ日銀は追い詰められているのである。

しかし、この「常識」は本当に常識なのだろうか。リフレ派理論ではマネタリーベースが増加すれば、インフレが生じることになっている。したがって、日銀が大量に国債を購入し、マネタリーベースが急増すれば、インフレになるはずである。

確かに日銀が国債を大量購入すれば、国債価格は上昇するであろう。だからといって、消費者物価もそれに連動して上昇するとは限らない。理論自体が間違っているので、現実にはこうしたことは生じない。誤った仮定によって誤った結論を導くのもリフレ派理論の特徴と言える。

さて、マイナス金利政策は、長期国債の金利をマイナスにしたのは確かである。けれども、銀行は発行された国債を購入し、日銀に高値で売却し、利ざやを稼いでいる。統計の上では長期金利がマイナスになったといっても、実態がともなっているとは言い難い。

二〇一六年七月にはＥＴＦの拡大枠を強化した。九月には長短金利操作付き量的・質的金融緩和が導入された。そこでは、日銀当座預金のマイナス金利を継続すると同時に、一〇年物の国債金利をゼロとすることにした。また国債の購入量も柔軟にコントロールすることにした。この新しい枠組みは、量・質・金利の三つによって、金融緩和を進めるものだと日銀は説明した。

新しい枠組みは、マイナス金利に対する金融機関や経済界の不満をなだめるものだと言える。しかし、マイナスの金利をゼロにするということは、金融を引き締めるということになる。

この新しい枠組みは、マスコミによって、日銀が長期戦に乗り出したと報道された。既に三年半が経過しているにもかかわらず、物価上昇率はマイナスに戻っていた。普通の感覚の持ち主ならば、早期にデフレが脱却できるとは思わないだろう。けれども、早期にデフレを終わらせるという最初の立場を崩すことは、敗北を認めることになる。だから、建前として残しているだけだと、普通の人ならば考えるであろう。実際、一〇月には、物価目標の達成時期を二〇一八年度に先送りしている。

相次ぐ追加措置は戦力の逐次投入そのものである。金融政策は微調整を要する分野であり、軍事のレトリックがそのまま有効だとは筆者は思わない。けれども、緩和措置が逐次投入されるのは、デフレ脱却が全く進んでいないからである。

その規模も次第に小さくなっているように見える。かつてアベノミクスが始まる前の日銀の金融緩和について、岩田・浜田・原田(二〇一三、五頁)はその規模の小さいことを「しょぼい」という言葉を使い批判していた。けれども、初めは異次元緩和と言われた黒田＝岩田日銀の金融緩和も、政策手段が枯渇した結果、次第に「しょぼい」ものとなってきている。それどころか、長短金利操作付き量的・質的金融緩和は逆に引き締めである。

相次ぐ金融緩和が戦力の逐次投入かどうか、「しょぼい」かどうかそれ自体よりも、その理由によって、これは深刻な事態である。

「総括的な検証」

物価目標が達成できなかったことと、評判の悪かったマイナス金利を受けて、二〇一六年九月に、日銀は「総括的な検証」(日本銀行、二〇一六b)を行った。そして、マイナス金利も含めて、現在の日銀の金融政策は成果をあげたと主張した。

それにもかかわらず、二%の目標が達成できなかったことについては、消費税増税後の需要の弱さ、原油価格の世界的な急落、一五年夏以降の新興国の経済の減速が原因であると主張した。日本では現実の物価上昇率が物価上昇の予想に与える影響が大きいため、こうして現実の物価上昇率が引き下げられると、期待物価上昇率も引き下がるとも主張した。外的要因に責任転嫁したのである。

この自己弁護論の驚くべき点は、リフレ派理論を完全否定していることにある。原油価格の低落がデフレを引き起こすということを認めることはリフレ派理論を否定するものであることは、先述した通りである。また原油価格が輸入デフレを引き起こしたとするならば、異次元緩和の開始後の円安は輸入インフレを引き起こしたはずである。「検証」の補論図表6-2(日本銀行、二〇一六b)では、一四年以降、名目実効為替レート(様々な外国通貨を加重平均した為替レート)だけで、多くの時期で一%程度の消費者物価の上昇に寄与していることが示されている。一四年には原油価格の上昇も物価上昇に寄与していた。日銀のモデルでは需給ギャップも変数に加えているが、それはほぼ一貫して物価を引き下げる方向に働いている。

モデルで説明できない部分はインフレ固有の要因であり、「検証」では、それは主としてインフレ期待によるものだとされる。「検証」ではインフレ期待には現実のインフレ率に適合する部分が大きいとされている。だから、「検証」のフレームワークにしたがえば、初期の段階での物価上昇は、円安が輸入インフレを引き起こすと同時に、適合的期待によって、インフレ期待を生み出した結果だと説明することができる。

ところが、「検証」の本文では円安インフレや輸入インフレに関する記述がない。また原油価格の急落の影響はアメリカでも同じであるが、アメリカはデフレになっていないことに対する説明もない。

また、岩田はマネタリーベースを増加させれば、インフレ期待が生じ、それによってデフレが脱却できると主張していたことは先述した。すると、期待物価上昇率が低下したのは、マネタリーベースの増加不足ということになるはずである。「検証」が岩田理論を否定しているのも驚きである。

ところで、白川が総裁だった二〇一二年二月、日銀は一%の物価上昇率を目指すという「中長期的な物価安定の目途」をだした。この時、岩田(二〇一二、一四頁)は、「目途」がインフレ期待を上昇させたことをもって、金融緩和がインフレを起こせないという日銀の理論は否定されたと述べた。

しかし、一時的にインフレ期待が上昇しても、岩田理論の正しさを証明することにはならない。実際、「目途」にもかかわらず、その後もデフレは続いた。しかし、岩田は困らない。逆に、デフレ脱却に失敗したのは、デフレ脱却に断固とした姿勢を見せなかったからであると、岩田は白川日銀を批判した。

岩田が日銀副総裁に就任した後、一時的に物価は上昇したが、その後上昇率は低迷し、マイナスになった。物価上昇率の低下が適合的な期待を通じて、インフレ期待を低下させたと岩田と日銀は認めている。それでも岩田は困らない。代わりに岩田と現在の日銀は、その原因を消費税増税などの外的要因に転嫁した。

日銀が金融緩和を行った時、インフレ期待が生じるか、物価そのものが上昇する。すると、岩田理論が実証されたことになる。そうならなかった場合も、同じく岩田理論が実証されたことになる。岩田理論はこのような不思議な理論なのである。これはまともな経済理論と言えるだろうか。

「検証」は消費税増税と新興国の経済減速による経済停滞もデフレ脱却に失敗した理由にあげる。

いざなみ景気は「中国特需」に支えられていたし、二〇〇八年の世界同時不況もアメリカ発である。消費税増税は財政政策である。外国の経済状況と財政政策は実体経済に大きな影響を持つことは当然である。

けれども、実体経済と物価上昇率の間にはそれほど密接な関係があるわけではない。いざなみ景気期は長期の好景気で、失業率も低下していたが、物価が上昇したわけではない。反対に二〇〇八年の金融恐慌の震源地アメリカでは、経済は悪化し、統計上の失業率も一〇%を超えた。今でもアメリカの事実上の失業率は一〇%程度だと筆者は考えている。しかし、アメリカでは物価が持続的に下落するという意味でのデフレは生じていない。

そもそもリフレ派は、二〇〇八年の金融恐慌においても、FRBはデフレを防ぐことによって、危機の震源地であるにもかかわらず、その打撃を小さくすることに成功した。日本は逆にデフレを放置しているために、経済の悪化はアメリカよりも大きいと日銀を批判していたはずである。

現在の日本の状況が悪いとしても、世界同時不況期のアメリカや日本ほど悪いと考える人はいないだろう。世界同時不況ですら、FRBの金融緩和がデフレを防止し、実体経済を回復できたのに、現在の日本の停滞が黒田や岩田に解決できないと言うのだろうか。

また財政政策と外国の状況がデフレを引き起こしたとするならば、財政政策と外国の状況の改善によって、デフレ脱却が可能となるということになる。しかし、日本がデフレから脱却できるかどうかの鍵を握るのが、財政政策と外国だと、日銀とリフレ派は主張するのだろうか。もっとも、今では浜田(二〇一七)は財政拡張論を訴えているから、これには同意するのかもしれない。

ところで、アベノミクスが始まった時から、賃金上昇なくしてデフレ脱却なしということが言われていた。岩田(二〇一六b)も長期的には時間あたりの名目賃金の上昇率と物価上昇率は並行的に変動しているとして、賃金上昇がデフレ脱却の鍵を握るとしている。

コストの中心は賃金コストである。全ての財・サービスの生産には労働が必要である。国内原材料の生産にも労働が必要だから、賃金の引き上げは、原材料の価格上昇という間接的な効果によっても、コストを引き上げることになる。コスト説に基づくならば、賃金上昇はデフレ脱却の鍵を握ることは確かである。

また、アメリカの事実上の失業率は今なお、一〇%程度だろう。こうした高い失業率でもアメリカはデフレになっていない。その原因も賃金の下方硬直性のために、アメリカでは名目賃金が上昇を続けているからだと考えることができる。

なお、ここでの賃金の下方硬直性とは、文字通りに賃金が絶対に下がらないということを意味するのではない。名目賃金が労働市場の需給で決まるとすれば、失業率が高い時には、賃金が下がることになる。これを前提として、賃金の下方硬直性とは、失業率が高いにもかかわらず、賃金が逆に上昇するか、下がってもそれがあまり大きくない状況のことを言うのである。

けれども、賃金デフレ論はリフレ派理論と矛盾する。実際にも岩田(二〇一二、八八―八九頁)は賃金デフレ論を批判している。岩田によると、賃金の引き下げはデフレの結果であって、原因ではないのである。誤った理論を放棄するのはよいことである。しかし、岩田は考え方を変えたのだろうか。

ラカトシュの研究プログラム論によれば、理論と実証結果に矛盾があった場合、理論家は周辺部を改良することによって、理論の中核を防御しようとする。加えて、日銀とリフレ派は国民にデフレ脱却を約束した。この約束がはたせない場合には、単に理論が破綻しただけでなく、国民をだましたことになる。今回、賭けられているものは、通常よりも遥かに大きいのである。

経済学者も人間である。彼らが周辺部を改良することにより、中核を防御しようとすることは理解できる。実際にも、周辺部の手直しで問題が解決する場合もあろう。けれども、今回の日銀のケースでは、周辺部の改良によって、自らの理論の中核を崩壊させることになっている。

３　誤った経済学は失敗を繰り返す

中央銀行はいつも間違う

黒田＝岩田日銀は、日本経済の主要な問題について首尾一貫して間違い続けている。しかし、首尾一貫して間違い続けたのは彼らだけでない。リフレ派の理論的根拠の源泉の一つがＦＲＢ前議長バーナンキにある。彼とＦＲＢの同僚たちも、二〇〇八年の世界金融危機が生じるまで首尾一貫して間違い続けていた。

以下の引用はスティグリッツ（二〇一五、四三―四四頁）からのものである。

危機は長い年月をかけて形成され、その間に多くの警告が発せられてきたが、ＦＲＢと政権内の担当者たちは、危機の発生に驚いているかのようだった。おそらく、本当に驚いていたのだろう。人間には先入観と矛盾する不快な情報を感覚から遮断する能力がある、ということの顕著な証拠だ。

スティグリッツが言うように、二〇〇八年のアメリカの金融恐慌の兆候は数年前から存在していたし、賢明な経済学者はその危険性を警告していた。しかし、FRBと政権内の担当者たちは危険性に全く気がつかなかった。二〇〇八年九月の金融恐慌は彼らにとって、唐突に起こったことなのである。

住宅バブル期にFRB議長だったのはグリーンスパンである。彼は巧みな金融政策によって高く評価されていた。けれども、金融危機が起きると彼の金融緩和がバブルを引き起こしたとして、批判された。続いて議長を務めたのはバーナンキである。彼はアメリカ大恐慌の研究家として有名であった。その彼が大恐慌以来最悪の危機を引き起こしたのは歴史の皮肉である。

黒田=岩田日銀は、発足当初、二年を目処に目標を達成すると公約した。二%の物価上昇は一九八〇年代後半のバブル期でも常に達成できていたわけではない。目標が高すぎるという意見は多かったが、彼らは成功すると信じていた。批判派が正しかったことは、時間の経過とともに明らかになったが、黒田=岩田日銀はこのことに「驚いているかのようだった」。「おそらく、本当に驚いていたのだろう」。

消費税増税が行われる前、経済は順調に成長していたように見えた。しかし、筆者の前著(服部、二〇一四、二二一―二二七頁)で明らかにしたように、増加していたのは、政府支出、耐久財消費・民間住宅である。だから、筆者は経済成長は挫折すると書いた。けれども、彼らはそのことに気がつかなかった。経済の停滞が長引いた時、彼らはそのことに「驚いているかのようだった」。「おそらく、本当に驚いていたのだろう」。

FRBが金融危機の発生に驚いたのは、彼らの理論からするとそれがあり得ないことだったからである。黒田＝岩田日銀が現在のデフレと消費税増税後の経済停滞に驚いたのも、彼らの理論からするとそれがあり得ないことだったからである。

賢人と思われる人間でも、人間であるから、愚かな考えを抱くことがある。自らの愚かな考えと矛盾する結果が生じても、「先入観と矛盾する不快な情報を感覚から遮断する能力」によって、矛盾する結果は無視されてしまうのである。

根源的なレベルでは、グリーンスパンやバーナンキも、黒田＝岩田日銀も間違いぶりは共通する。

「自惚れ」と「否認」

筆者はアメリカの金融恐慌の研究をする中で、「失敗のサイクル」が存在することに気がついた。最初の局面は「自惚れ」である。危機の前、FRBはアメリカでは日本のような長期停滞はあり得ないと考えていた。その根拠は次の通りである。

理論1　アメリカの証券市場中心型の金融システムはリスクを適切に管理できるから、日本のような不良債権問題は生じない。

理論2　FRBの適切な金融政策はデフレを防ぐから、アメリカでは深刻な景気後退は起こらない。

理論3　理論2から派生して、バブルが生じてもFRBはバブルを無視して構わない。バブル崩壊後、金融を緩和させれば、速やかに経済は回復する。

今ではこれが、「自惚れ」だったことは、バーナンキやグリーンスパンも認めるだろう。第二局面が「否認」である。「否認」は「自惚れ」と時期においては重なる部分がある。住宅バブル期に危機を警告した経済学者として、バーナンキ(二〇一五、上、一一四頁)は、シラー、ボリオ&ホワイト、ラジャンをあげる。このうち、バーナンキが書くように、ボリオ&ホワイト、ラジャンは、カンザス・シティ連邦準備銀行主催のシンポジウムにおいて警告していた。

このシンポジウムには、FRBやその他のアメリカの政策当局の関係者(元も含む)も少なからず出席していた。ボリオ&ホワイト、ラジャンの報告は、「グリーンスパンとFRBが成し遂げた素晴らしい成果」と関係者たちが考えていたものを否定するものだったから、関係者たちは、激しく反発し、攻撃した。

例えば、ラジャンの報告は証券化はリスクを低めていないというものだった。これは先述したFRBの理論1の否定である。だから、討論相手だったコーン(彼は二〇〇八年の金融恐慌時にはFRB副議長を務めていた)は、個別の金融機関のリスクが高まったとしても、金融システム全体のリスクが高まったことにはならない。アメリカの証券市場中心型の金融システムはリスクを分散させるので、日本のような金融システムの機能麻痺は生じないと反論した。

クリントン政権下で財務副長官、長官を務めたサマーズは「ラッダイトのようだ」とコメントした(ラッダイトはイギリスの産業革命時に機械が仕事を奪うことに反発した労働者が起こした機械打ち壊し運動)。

アメリカの政策当局が、ラジャンなどの英知を理解していれば、金融恐慌が防げたかどうかは分からないが、金融恐慌が起きたとしてもその規模が小さくなったことは確かであろう。しかし、そうしたことは、バーナンキの『回顧録』には書かれていない。

彼らの愚行は住宅バブル崩壊後も続く。住宅バブルが崩壊した後も、バーナンキは危機は封じ込めたという発言をしていた。

黒田と岩田は二年で目標を達成すると豪語した。目標が達成できなかった時、最高の責任の取り方は辞任だと岩田は言った。これを「自惚れ」という。最初から目標達成は非現実的という主張は多かったが、彼らはこれを「否認」した。物価目標の達成に失敗するたびに、達成時期を繰り返し先送りする。それにもかかわらず、次は目標を達成できると主張する。これは「自惚れ」と「否認」のハイブリッドとも言えよう。

「崩壊」

第三局面が崩壊である。二〇〇八年九月、リーマン・ブラザーズが破綻した。リーマン・ブラザーズの破綻は、世界金融危機を引き起こす。同時にFRBとアメリカの政策当局の愚行は頂点に達する。

リーマン・ブラザーズが破綻した時、破綻を容認したのはなぜかという疑問が世界を駆け巡った。疑問はそれだけではない。リーマン・ブラザーズの破綻に続き、アメリカン・インターナショナル・グループ(AIG)も破綻した。当時の財務長官ポールソンはAIGの破綻は容認せず、救済した。一夜にして政策が正反対になったのである。

筆者も長い間その理由がよく分からなかった。しかし、これらの疑問に対して、〇八年九月二三日の議会証言によって、バーナンキ(Bernanke, 2008)はすでに答えていた。

> しかし、リーマンのトラブルは、しばらくの間に、よく知られるようになり、そして、(中略)企業の破綻のかなりの可能性があることを投資家は明白に気づいていた。したがって、投資家と取引相手は予防措置をとる時間があったと我々は判断した。

答えは単純で、破綻を容認したのは、金融恐慌が起こると彼らが思わなかったからだった。そうだとすると、一夜にして政策が正反対になったことも、政策の失敗に気づいた彼らが考えを改めたからだということで、簡単に説明できる。

リーマン・ブラザーズなどの金融機関は短期の資金を借りて、長期の証券を購入している。だから、投資家が資金の返済を要求し始めると、証券を売って資金を返済しなければならない。しかし、金融危機の中でリスクが高そうに見える証券を購入する者は簡単には見つからない。運よく見つかっても安値でしか売れないであろう。

すなわち、取引相手が予防措置をとらないから金融機関は生き延びることができるのである。こうした金融の基本が分からない人間が中央銀行のトップを務めていたとは驚きである。

さらに、リーマン・ブラザーズの破綻の後、市場ではベアー・スターンズを三月に救済したのに、それよりも規模の大きいリーマン・ブラザーズを破綻させたのはなぜかという疑問があがった。要するに、投資家たちがリーマン破綻はあり得ないと考えていたのは、ベアー・スターンズを救済していたからであった。バーナンキはこうしたことも理解できなかったのだろうか。

しかし、これに終わらない。筆者が『新自由主義の帰結』(服部、二〇一三、九二―九四頁)で書いたように、FRBはアメリカ経済のV字回復を予測していた。

二〇〇九年一月の会合において、FRBは、〇九年にはマイナス成長になることを予測していた(ただし、実際は予測値よりも大きなマイナス成長だった)。しかし、一〇年以降、プラス成長に転じると予想していた。

特に一一年の成長率の予測値は高い。金融政策を決める連邦公開市場委員会のメンバーたちは、三・八―五・〇%の高成長を予期している(ただし、最高値、最低値からそれぞれ三人を省く)。なお〇八年一〇月時点の予測値は二・八―三・六%であった。三カ月の間に大幅に予測値を引き上げたことが分かる。

実際には二〇一〇年以降、プラス成長が続いているが、平均二％程度である。実際の経済回復はL字である。

住宅バブル期からリーマン破綻を通じ、経済の回復期まで、FRBは重要な判断をことごとく間違った。非現実的な予想が現実によって裏切られている点でも、重要な判断をことごとく間違っている点でも、黒田＝岩田日銀と同じであった。

「修正」によって経済理論は生き残る

第四局面が「修正」である。こうした経緯を振り返ると、バーナンキが危機の責任者の一人であることは誰にも否定できないであろう。しかし、それにもかかわらず、バーナンキが世界大恐慌の再来を防いだという主張も根強くある。

このバーナンキ救世主論の問題点の第一は、失敗に焦点を当てないことにある。あるいは軽くしか扱わないことにある。けれども、それではなぜ金融恐慌が生じたのかは分からないだろう。

第二はアメリカ経済が本当に回復していると言えるのかということに関わる。第1章で明らかにしたように、アメリカの経済回復は遅い。雇用の回復では遥かに日本の方が進んでいる。第三は経済回復を短絡的に金融政策の成果とみなす思考法に関わる。そもそも金融恐慌を食い止めたのは、政府が金融機関を救済したからである。有効需要管理という意味での財政政策とは異なるが、財政の政策である。

またアメリカでは財政の崖問題があった。財政赤字の累積によって、法律で決められた連邦政府の債務の上限が守れなくなったことが問題となったのである。最終的には議会が上限を引き上げて問題は解決した。けれども、当時は議会の合意が得られず、財政引き締めが強制されると経済がマイナス成長に陥ると言われていた。逆に考えれば、財政政策が経済を支えていたのである。

反事実的推論という手法がある。相関関係や事象の同時性は因果関係を意味しないことは科学の基本である。例えば、ある政策を実施した時に、経済が一〇%も落ち込んだとしよう。しかし、ある政策がとられなければ、経済の落ち込みが一五%だったとすれば、政策は経済を五%も改善したことになる。反事実的推論自体は科学的な方法である。

しかし、管理された実験が行われない限り、反事実的推論は単なる推論でしかあり得ない。実際のアメリカ経済の回復が遅くても、ある政策が実施されなければ、もっと回復が遅れたと主張することによって、どのような政策でも正当化できるだろう。

方向性は正反対であるが、理論を正当化するための反事実的推論という手法では、アメリカの保守派によるニューディール論と同じである。先述したように、ニューディールの下でアメリカ経済はV字回復を遂げた。それだけでなく、現在と同じくらい大きな格差を一挙に縮小させた。これ以上素晴らしい経済政策があろうか。けれども、アメリカの保守派はニューディールが経済回復を妨げたと主張する。

こうした理論構築の問題点の第一は、それでは大恐慌の原因が分からなくなるということにある。ローズベルトが政権をとったのは、大恐慌後である。ローズベルトにも、ニューディールにも大恐慌の責任があるはずがないことは誰が考えても分かる。大恐慌の真因を解明しない大恐慌論は、大恐慌論の名に値しないであろう。

第二にニューディール下のアメリカ経済はV字回復を遂げた。それが無視されている。一九三七年でも失業率は九％を超え、確かに高い。けれども、大恐慌の後、失業率の水準が高いのは当然の話である。三二年の失業率は二三％近かった。変化で見れば、急速な改善と言える。格差も急速に縮小させた。これを無視するニューディール論も歪んでいるであろう。

もっとも、筆者がニューディール期の高成長の大きな要因は経済が落ち込んだことにあると考えていることも、先述した通りである。

第三に財政拡張と経済回復の関係を否定している。ニューディールというよりも、一九四〇年からの戦時体制の下でアメリカ経済は急回復する。ナチス・ドイツの経済回復も軍事拡大によるものだった。世界同時不況後の世界でも、ギリシアなど財政を緊縮させた国ほど、経済が収縮した。このように財政拡張と経済回復の関係を肯定する例は多いが、こうした例は無視される。

ニューディールを肯定することは、政府の介入がアメリカと資本主義を救ったということになる。それでは市場の自由を擁護する保守派は困るであろう。だから、反事実的推論の力によって、ニューディールは経済回復を妨げたことにしたのである。

黒田＝岩田日銀はデフレ脱却に失敗した。しかし、これでは国民に嘘をついたことになる。そこで、物価が上昇していないのは、外的要因の結果であって、異次元緩和は成果をあげていることにした。ここでも、政策の正当化に反事実的推論が使われているのである。

問題は誤った経済学

先述したように、二〇〇八年の金融恐慌後、ＦＲＢはＶ字回復を予想した。

V字回復を予想したのは、FRBだけでない。ジェームズ・ガルブレイス(Galbraith, 2014, pp. 171-187)は、アメリカ議会予算局も同じように、V字回復を予想していたことを指摘している。予算局の予測では、五年経てばアメリカ経済は完全復活する。そして、予測が外れると、達成時期を先送りした。「完全な回復を始めるための五年の期間は、砂漠の蜃気楼のように、毎年、未来に向かって退いていく。二〇〇九年には二〇一四年までに完全な回復が予想されていた。二〇一〇年には期日は二〇一五年までになったなどである」(Galbraith, 2014, p. 180)。

筆者が調べたところ、予算局は〇九年一月には、一一年から一四年にかけて毎年四%程度かそれ以上の成長を見込んでいた。一〇年一月には、それが一二年から一四年に変わる。一一年一月の予測では、一二年から一六年にかけて三%台の成長が続くと見込んでいる。一二年一月の予測では、一四年から一七年にかけて三%から五%の高成長が続くと見込んでいる。一三年二月の予測では、一五年から一七年にかけて毎年四%程度かそれ以上の成長を見込んでいた。一三年までは基本的に、二年後から高成長が三年程度続き、V字回復を遂げると予想し続けていたことが分かる。

問題は単に経済予測は当たらないということではない。彼らが使うニュー・ケインジアンの経済モデルでは、金融政策が物価を安定化させれば、一時的なショックにより混乱が生じても、速やかに経済は完全雇用（あるいは自然失業率）の水準に戻ると仮定されている。経済が大きな落ち込みを見せた後、完全雇用を速やかに達成するためには、回復期の経済成長率は平均よりも高くなければならない。当然ながら、落ち込みが大きくなれば、必要な成長率はより高くなる。

実際、〇八年一月の予算局の見込みでは、〇八年の成長率は一・七％だった。代わりに一〇年には三・五％、一一年には三・四％の成長を見込んでいる。低成長の度合いが小さい分だけ、二年後からの高成長も低くなっていることが分かる。

経験則もこうした予想を支持している。元に戻るかどうかは別として、より大きな落ち込みの後の回復は大きいのが一般的である。それは一九三〇年代の大恐慌からの世界各国の回復期や、世界同時不況からの日本の回復期が示す通りである。

けれども、金融危機の後には、経済は大きく落ちるが、回復は緩やかであるというのも経験則である。金融危機の後、注目を浴びたのが、ミンスキーの金融不安定性仮説と、クーのバランスシート不況論である。バブル期に生じた過剰な負債を、バブル崩壊後には返済しなければならない。それが支出を抑制し、経済の回復を遅らせると彼らの理論は述べる。実際にもその通りのことが起きている。

しかし、ニュー・ケインジアンのモデルには、資産や負債というストックが登場しない。銀行などの金融仲介業も存在しない。負債のないモデルで過剰負債の問題を考えることはできないであろう。従来のモデルには、こうした欠陥があったことは今や広く認識されるようになっている。

話はそれに終わらない。日本のバブルが崩壊した後、これがバランスシート不況であるといち早く論じたのが宮崎（一九九二）であった。宮崎は従来の不況と異なり、バランスシート不況は回復に時間がかかると主張し、その先見の明を示した。ただし、宮崎はバランスシート不況ではなく、複合不況という用語を使っていた（筆者は名称としてはバランスシート不況の方が適切だと考えるが、名称の問題は大きな問題ではない）。

逆のことを考えていたのがＦＲＢである。アハーン他（Ahearne, et al., 2002）は、日銀の金融緩和がもっと早ければ、日本経済は速やかに回復したと、計量モデルを使って明らかにした。しかし、アハーン・モデルも、ニュー・ケインジアン・モデルであり、過剰負債の問題はモデルに組み込まれていない。こうした欠陥モデルでは、日本のバランスシート不況も、アメリカのバランスシート不況も理解できないであろう。

こうした欠陥モデルによって、バブルが崩壊した後に金融緩和を行えば、経済は速やかに回復するというＦＲＢの後始末戦略が作られた。それが全てを狂わせたのである。金融恐慌は金融機関を破滅させたが、バーナンキの経済学も破滅させたのである。

黒田＝岩田日銀もニュー・ケインジアン・モデルに基づいて、物価目標は達成できるという見通しを繰り返している。現実によってそれが何度裏切られても、同じ見通しを繰り返している。彼らもまた欠陥理論によって現状分析と政策を歪めている。

最終的には病気を治すことが医者の仕事だとしても、医者がまずすべきことは病気を診断することである。読者はまともに病気の診断ができない医者に病気を診てもらいたいと思うであろうか。経済状況の判断ができず、誤診を繰り返す中央銀行に、まともな金融政策ができると読者は考えるだろうか。

第4章　広がる格差

1　企業業績の急回復、それが問題だ

営業利益の急回復

雇用と並んで、アベノミクスの成果として宣伝されるのが、企業の業績回復である。二〇一五年一二月の講演で、岩田(二〇一五c)は、「輸出や生産のもたつきにもかかわらず、企業収益は過去最高水準に達しています」と述べる。その上で、「企業収益の改善は、企業・家計の両部門を通じて、国内民間需要に波及する好循環を生み出しています」と述べる。

一六年に入ると、企業の利益が悪化してきた。ここでも岩田の見通しがはずれているように見える。なぜだろうか。ただし、一六年後半には再び急増した。それ以上に根本的な問題は企業の利益が急回復したこと自体にある。生産が低迷しているのに、なぜ企業の利益だけが急増

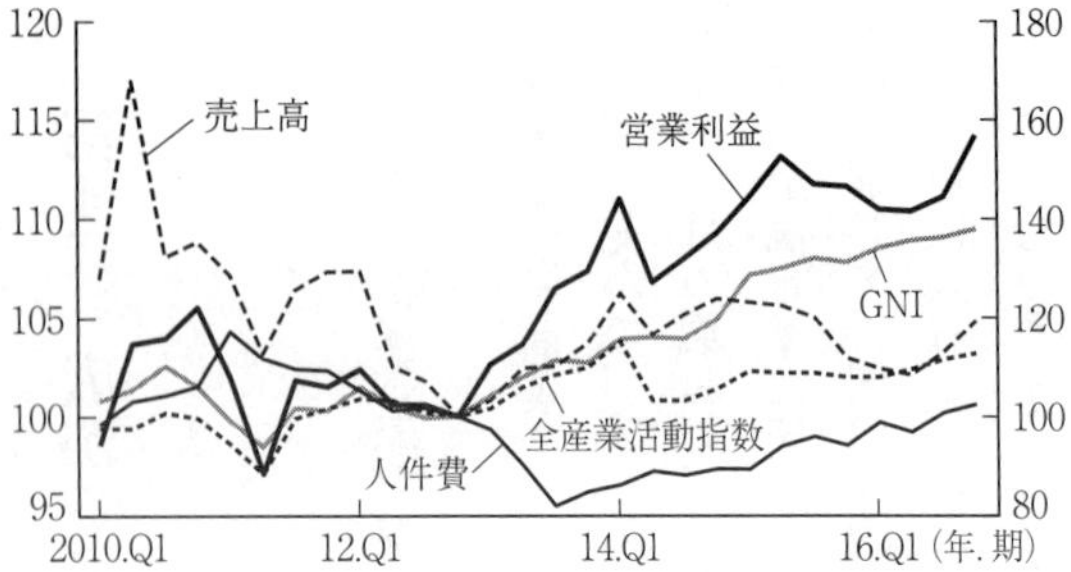

図 4-1　全産業活動指数，売上高，GNI，人件費，営業利益
（2010 年第 1 四半期－16 年第 4 四半期）

資料：内閣府ホームページ「四半期別 GDP 速報」，経済産業省ホームページ「全産業活動指数」，財務省ホームページ「法人企業統計」

注：営業利益は右目盛り，他は左目盛り．季節調整値．2012 年第 4 四半期を 100 とする指数

したのだろうか。

図4-1は全産業活動指数、法人企業の売上高、人件費、営業利益を図示したものである。アベノミクスが始まってから、営業利益だけが急増しているため、これだけ右目盛りに変えている。そのこと自体、営業利益だけの急増を示すものである。

全産業活動指数は二〇一三年以降、増加したのは確かだが、わずか三%である。売上は一二年には急減していたが、一三年に入ると増加に転じた。一五年第二・四半期から再び減少したが、一六年第三・四半期から再び増加に転じた。このように売上は増減を繰り返している。そして、四年間全体の増加は五%にすぎない。しかも売上増加の一部は消費税増税の結果である。

人件費はアベノミクスが始まってからも微減が続いていた。その後、増加に転じたが、一六年第四・四半期の数値は、一二年第四・四半期とほとんど変わらない。この間、消費者物価が上昇しているから、実質で見れば、アベノミクス前よりも減少した。

比較的大きな増加を示しているのが、名目国民総所得(GNI)である。それでも四年間で一〇%程度である(こちらにも消費税増税の効果がある)。急速な円安は日本企業の外国子会社の利益を円建てで急増させる。この利益はGNIに含まれるが、GDPには含まれない。だから、名目GNIは他の類似指標よりも増加率が高くなる。それでも、営業利益の増加と比べるとわずかである。

アベノミクスが始まってから、生産、売上、所得の増加はわずかである。それにもかかわらず、営業利益が急増したのは、円安と原油価格の急落が生じたからであることは、岩田(二〇一五c)自身が指摘する通りである。円安は輸出製品の価格の急上昇と輸入インフレを引き起こす。原油価格の急落は原材料(燃料)コストを引き下げる。加えて、人件費の削減も営業利益の増加を後押しした。

ただし、時期によって違いがあることも事実である。

法人企業の営業利益の増加の要因は、売上要因、原価削減要因、(人件費以外の)固定費削減

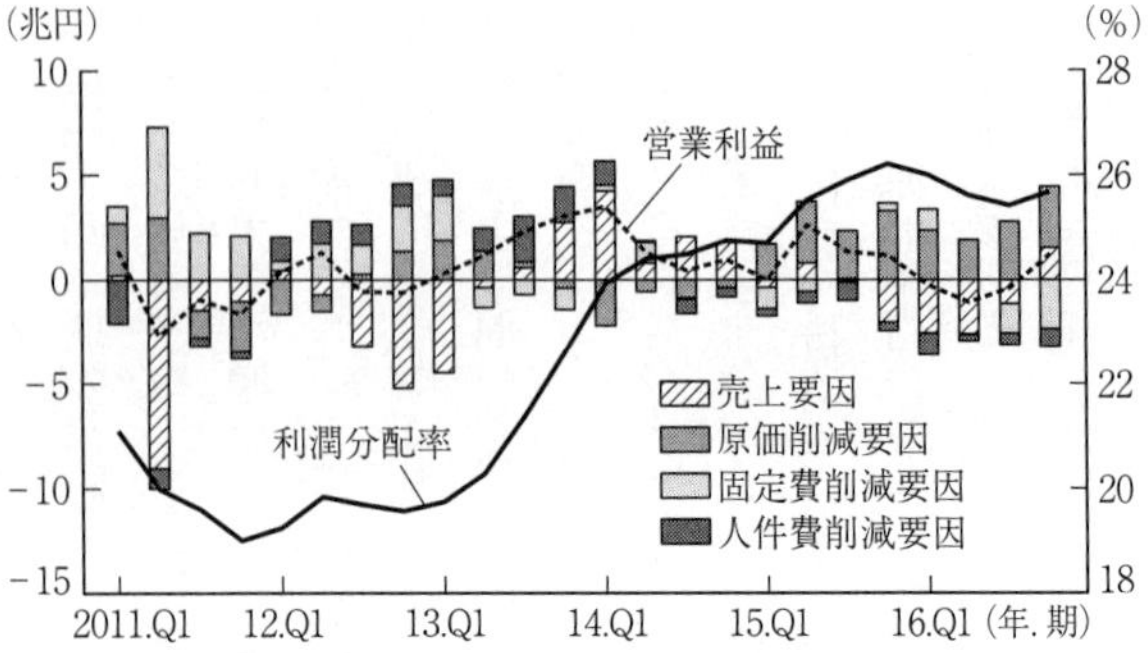

図 4-2　法人企業の営業利益の変化とその要因分解，利潤分配率
(2011 年第 1 四半期 - 16 年第 4 四半期)

資料：財務省ホームページ「法人企業統計」

注：利潤分配率は右目盛り，他は左目盛り．営業利益は前年同期差．売上要因は，

$$\text{売上高の前年同期差} \times \left(1 - \frac{\text{前年同期の売上原価}}{\text{前年同期の売上高}}\right),$$

原価削減要因は，

$$-\text{当該期の売上高} \times \frac{\text{売上原価}}{\text{売上高}}\text{の前年同期差},$$

固定費削減要因と人件費削減要因は，それぞれの前年同期差に −1 をかけたものである．固定費削減要因は人件費を除いたもの．利潤分配率は

$$\frac{\text{営業利益}}{\text{人件費} + \text{営業利益}}\text{の 4 期後方移動平均}$$

である

要因、人件費削減要因に分解することができる。図4－2では、営業利益の前年同期差をこの四つに分解して図示している。

二〇一一―一二年には大部分の期で、売上要因はマイナスだった。ところが、アベノミクスが始まると、売上要因が急増した。安倍が首相となる前から円安が始まっていた。それは輸出価格を引き上げる。輸出価格の上昇は売上を拡大させる。また外国で生産を行った時の売上と費用が、円建て表示では急増する。円安は輸入価格も引き上げる。輸入インフレによって国内物価も引き上げられる。こうして売上要因が急増した。

円安は輸出製品の売上一円あたりの売上原価を引き下げるであろう。逆に国内製品の価格引き上げが原材料コストの上昇を相殺できないならば、原価率は上昇する。規模では国内部門の方が大きいので、原価削減要因はマイナスとなっている。けれども、売上要因の増加と比べると小さく、二つをあわせると営業利益を増加させている。

加えて、人件費削減要因は二〇一四年初めまでは大きなプラスだった。

しかし、二〇一四年に入ると、世界的な原油安が生じた。一五年からは輸出価格も低下した。すると、売上要因は減少し、マイナスとなる。逆に原油価格の急落によって原価削減要因がプラスとなる。また人件費削減要因はマイナスとなっている。全てを合計すると、営業利益はまだ増加していた。

けれども、一六年に入ると、急速な円高が生じた。そのため、売上要因が大きなマイナスとなり、一六年には営業利益は減少に転じている。

岩田自身が言うように生産は停滞している。論理的に考えても、企業の利益拡大の原因は名目的要因でしかあり得ない。すると、逆に円高によって、売上高が減少し、これに人件費の増加が加われば、営業利益が下がり始めるのは当然と言える。

二〇一五年第四・四半期の利潤分配率は、アベノミクス前よりも七%ポイント上昇した。これも営業利益の急増に大きな役割を果たした。一二年第四・四半期から一五年第四・四半期まで、営業利益は五兆円以上も増加した。けれども、利潤分配率が一二年第四・四半期のままであるならば、営業利益の増加は八〇〇〇億円にしかならない。

ただし、一六年半ばに円高が止まると同時に、輸出が増加に転じた。トランプ大統領当選後には円安が急速に進む。その結果、売上要因が増加に転じ、それが営業利益を急増させている。もっとも、一七年に入ると、トランプが管理貿易的なことを主張し始め、円安が止まっている。

アベノミクスでは経済の好循環ということも言われていた。しかし、物価が上昇したり、利潤分配率が上昇したりすれば、実体経済が停滞していても、企業の名目の利益は増加する。だから、企業の利益の急増は経済の好循環を意味しない。

産業と企業規模による違い

しかし、産業と企業規模による違いは大きい。

図4―3は営業利益の増加率を産業と企業規模ごとに図示したものである。本来は年度のデータを使いたいが、まだ一六年度のデータはでていない。そこで、四半期データを四期あわせて、暦年データにした。

輸出型製造業の営業利益は急増した。特に資本金一〇億円超の巨大企業における営業利益の増加が著しい。円安が輸出価格を引き上げることを考えると、その結果は当然と言える。けれども、急速な円高が生じた二〇一六年には営業利益を急減させている。

同じ輸出型製造業でも、資本金一〇〇〇万円―一億円の中小企業では、一三年の円安期には営業利益を減少させていた。逆に輸入物価が急低下した一四年には営業利益が急増している。円安期には輸出を行う巨大企業の利益は急増したが、その下請け企業は円安によって原材料価格が高騰し、経営が苦しくなったと言われていた。それが正しいことは、統計によっても裏づけられている。

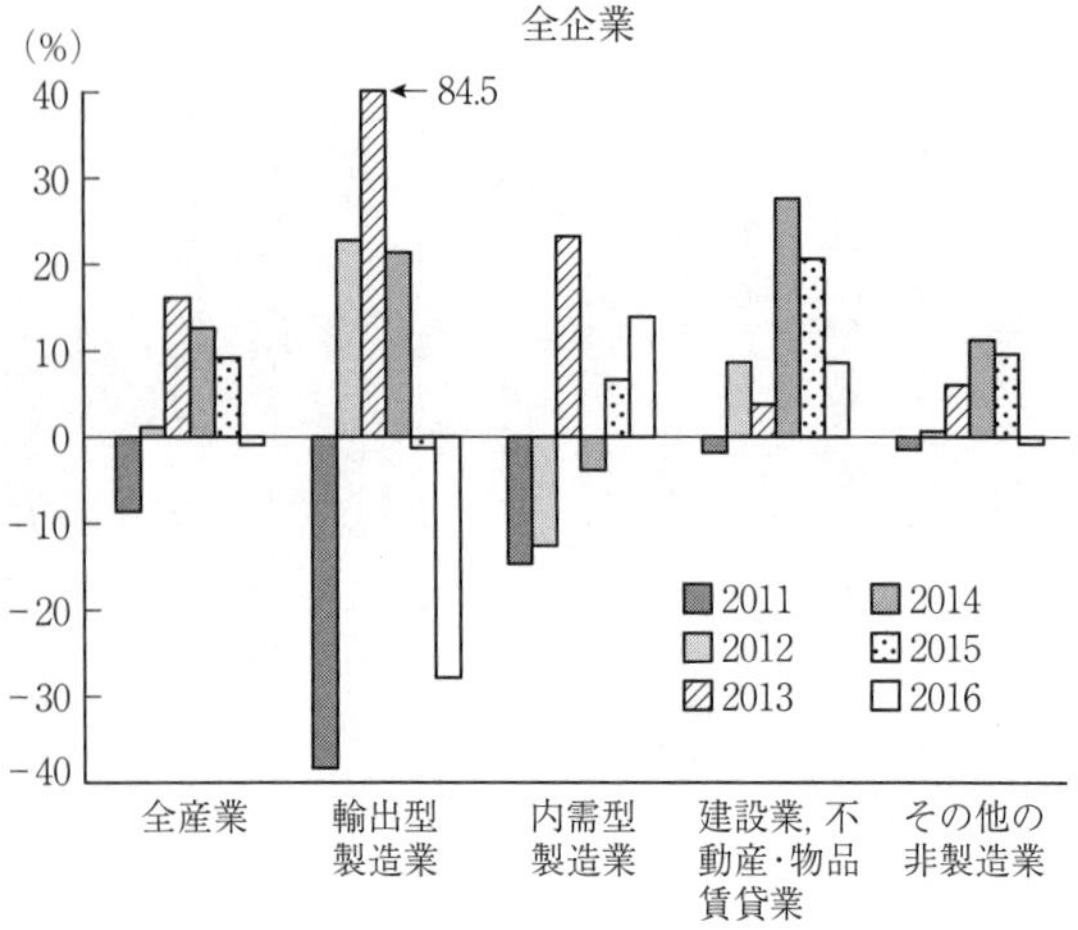

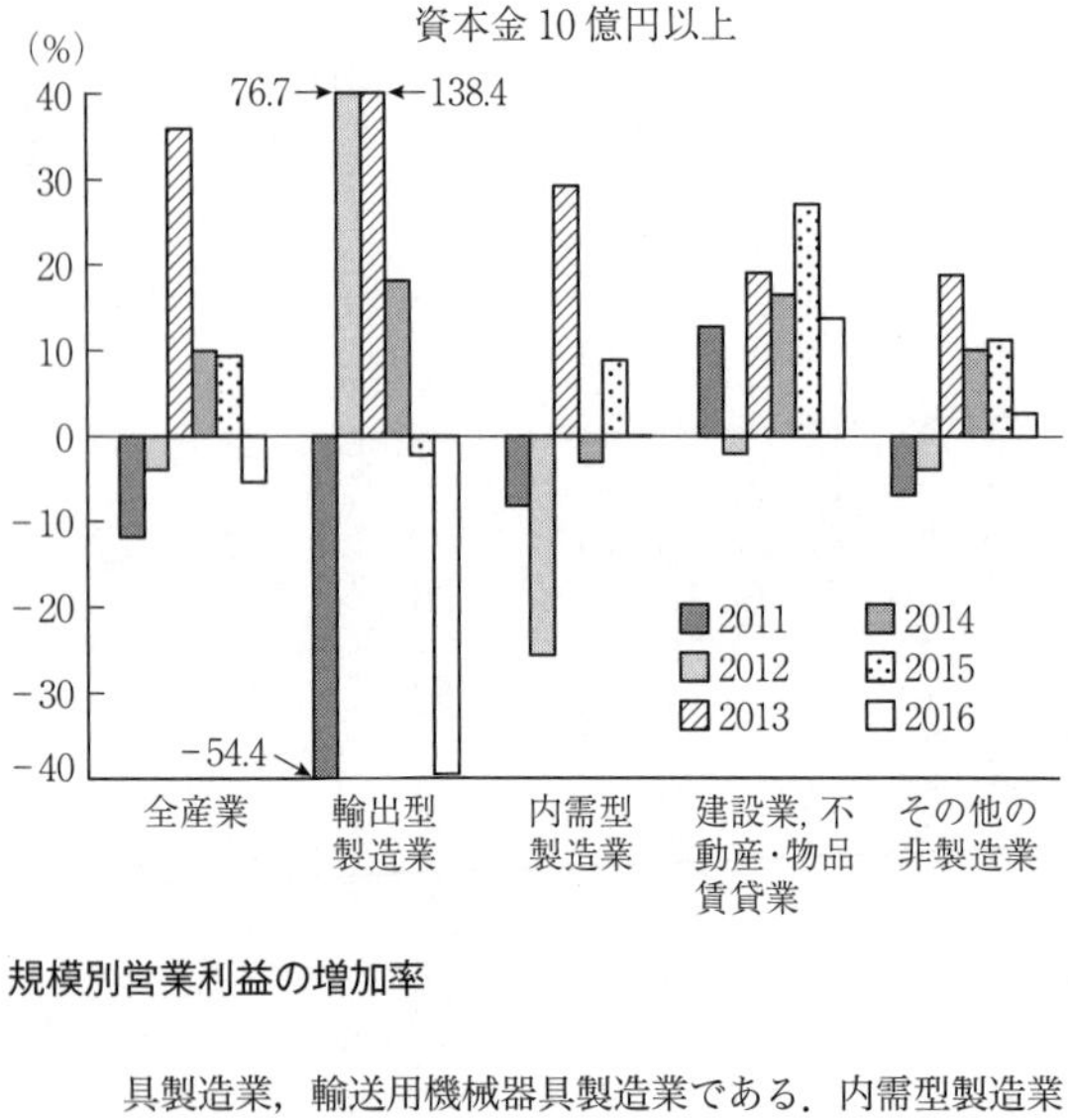

規模別営業利益の増加率

具製造業，輸送用機械器具製造業である．内需型製造業はそれ以外の製造業

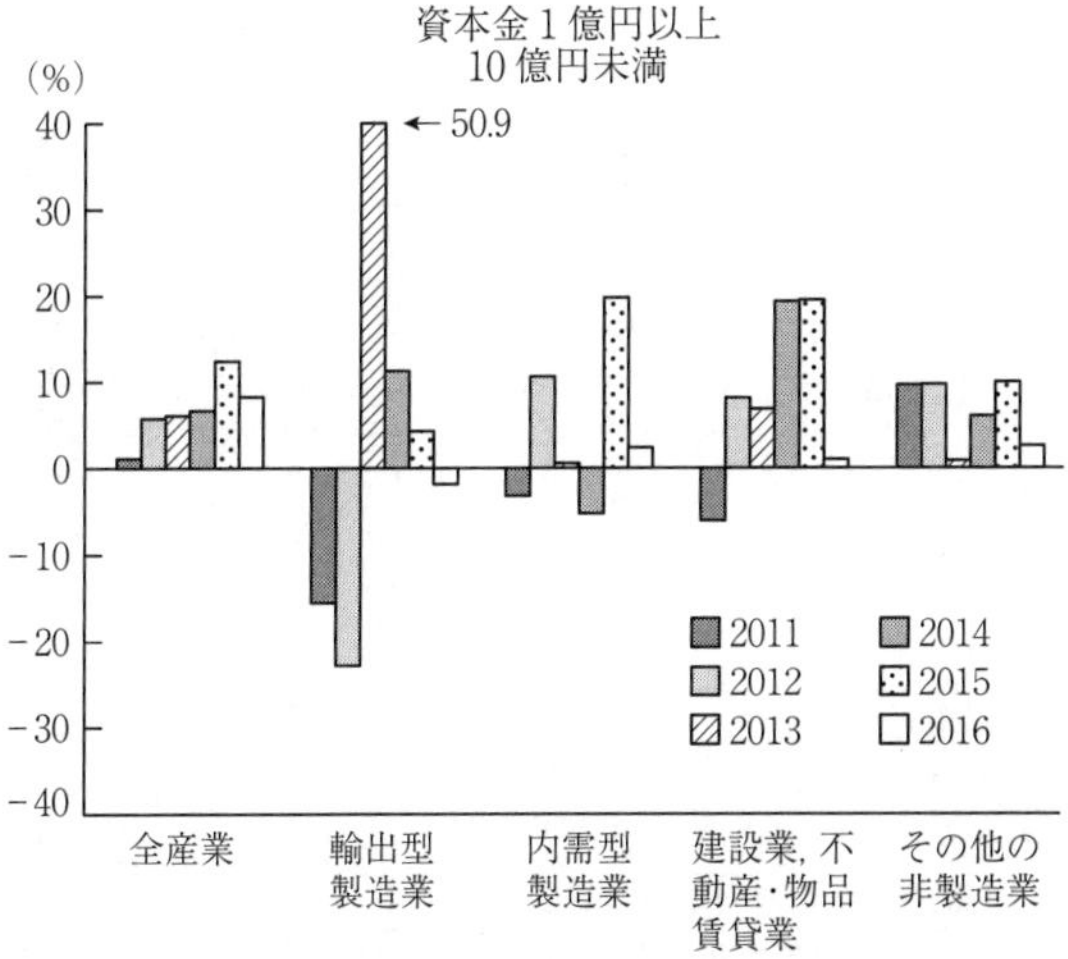

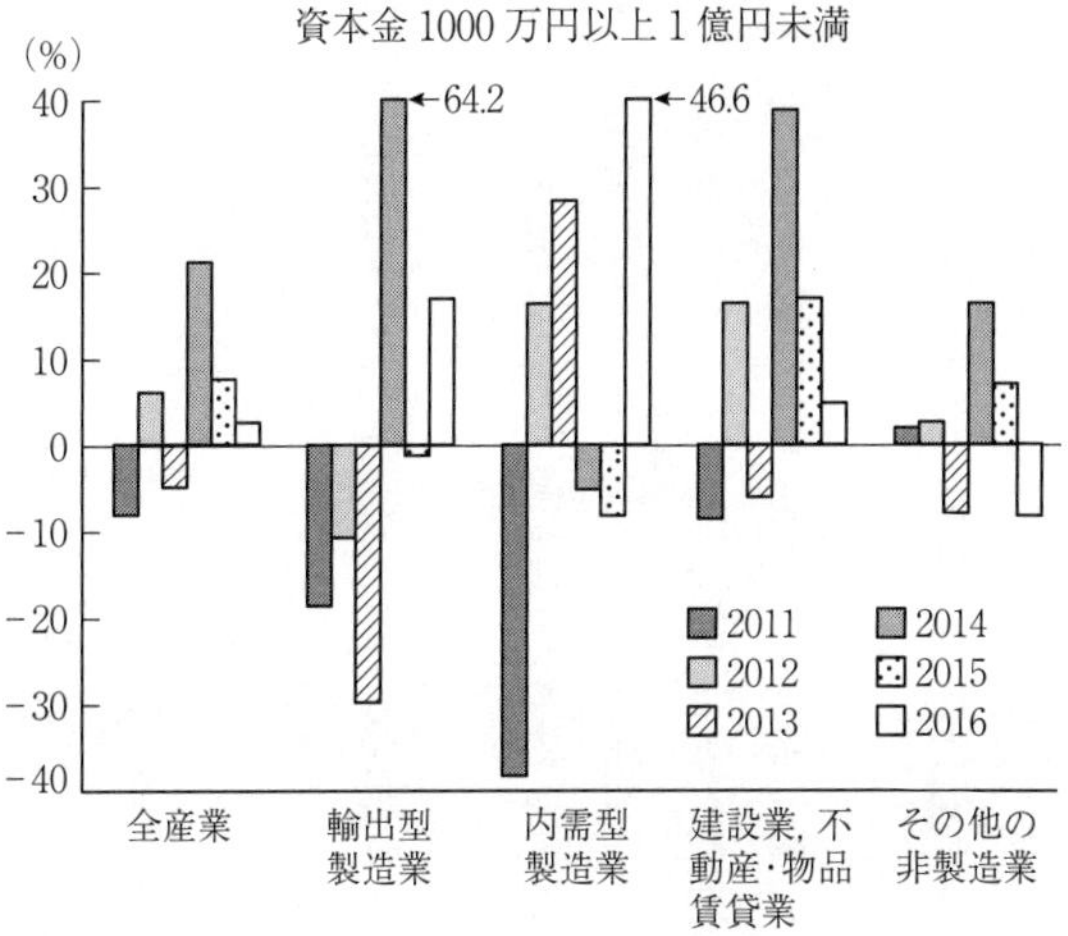

図4-3　産業別，企業

資料：財務省ホームページ「法人企業統計」

注：前年同月比．金融保険業以外．輸出型製造業は，はん用機械器具製造業，生産用機械器具製造業，業務用機械器具製造業，電気機械器具製造業，情報通信機械器

建設業、不動産・物品賃貸業の営業利益も急増した。建設業、不動産・物品賃貸業では、相対的に規模の小さな企業も、営業利益が急増していることが、他の産業とは異なる特徴である。内需型の製造業も営業利益が増加しているが、輸出型製造業ほどではない。建設業などを除く非製造業の営業利益は一三年の円安期にも増加しているが、それほど大きくはない。逆に一四年以降、輸入物価が急低下すると、営業利益は急増した。

また概ね企業規模が大きなものほど、営業利益の改善が著しいことが分かる。アベノミクスで利益を得たのは巨大企業で、中小企業にはその恩恵が及んでいないとも言われている。統計はそれが正しいことをも示している。

岩田(二〇一五c)は「内需の底堅さを背景に、非製造業の回復が目立っていることです」とも述べていた。図は省略するが、実際には、生産で見る限り、いずれも増加率は大きなものではない。それにもかかわらず、営業利益は、円高期を除くと、非製造業よりも製造業、特に輸出型の製造業の方が大きく改善している。この点でも企業の利益拡大は生産の増加とは必ずしも連動していない。

経済政策として、成長重視か、分配重視かがしばしば議論される。成長重視派は貧者に富を分配するような政策は富の総量を減少させるので、貧者のためにもならないと論じて、成長政策を正当化してきた。

これが正しいかは横におこう。しかし、経済が成長しなくても、分配が巨大企業に有利な方向にシフトすれば、巨大企業の利益が急増するのは当たり前の話である。だから、巨大企業の利益の急回復は経済成長を意味しないし、成長政策の正しさを実証しないのである。

企業の内部留保は積み上がる

円安と原油安のために、企業の利益は空前の水準まで増加した。しかし、企業はその利益を従業員の給与や設備投資のために使わず、内部留保として蓄えている。これが経済の回復を阻害しているという意見は今では政府関係者にも広がっているし、これは正しいと筆者も考えている。

しかし、岩田（二〇一三b、二四〇―二四四頁）はデフレが続くと企業が資金余剰に陥ると論じていた。逆に日銀がデフレを脱却させれば、企業は内部留保を取り崩すので、銀行貸出に頼ることなく、設備投資が可能となると言う。こうした理屈に基づいて当時の日銀を批判していた。

図4-4は民間非金融法人企業の現金・預金と対外投資を図示したものである。ただし、為替レートの変動によって、対外投資の円で換算した残高は大きく変動する。そこで、対外投資

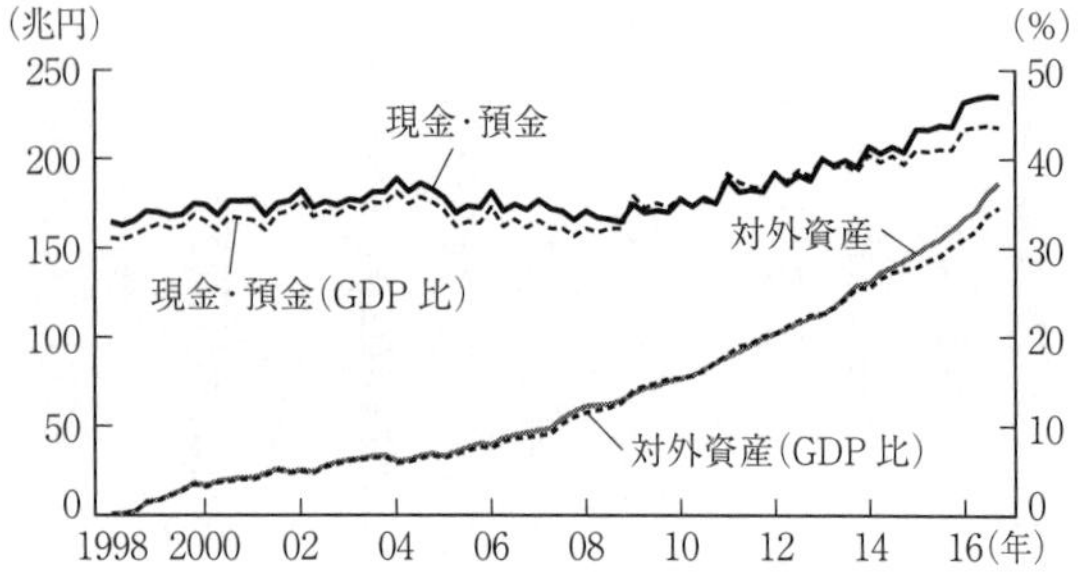

図 4-4　非金融法人企業の現金・預金と対外投資(1998 年第 1 四半期－2016 年第 4 四半期)

資料：日銀ホームページ「資金循環表」

注：現金・預金，対外資産は左目盛り，預金・現金(GDP 比)，対外資産(GDP 比)は右目盛り．現金・預金は期末の残高，対外資産は 1998 年第 1 四半期からの期ごとのフローの累積．現金・預金は外貨預金を除く．対外投資は直接投資，証券投資，外貨預金の和．GDP は季節調整値を使用

は一九九八年第一・四半期以降のフローの累積とした。

岩田は現金・預金は増加していると主張していたが、図4-4を見ると、増加はそれほど大きくなかったことが分かる。いざなみ景気の中で、二〇〇四―〇八年にかけては減少しさえしている。世界同時不況以後は再び増加したが、一二年には再び横ばいとなった。一九九八年以降の名目GDPの変動は大きくないので、GDP比でも動向はあまり変わらない。

ところが、アベノミクスが始まると、現金・預金は大きく積み上がる。二〇一二年一二月―一六年一二月の四年間で、四七兆円も増加した。特に急増したのが、安倍首相誕生後とマイナス金利導入前後である。一二年一二月―一三年三月には一二兆円、一五年一二月―一六年三月には一三兆円も現金・預金が増加した。短期間でこれほど増加した例はない。

　黒田＝岩田日銀の下で、企業の利益は急増した。投資も増加しているが、急増した利益には追いつかない。すると、金融資産が急増するであろう。その一部は現金・預金として蓄積される。アベノミクス期には現金・預金は金額として急増しているが、金融資産全体に対する比率では、全体としては減少している（一部増加している時期もある）。

　資金の運用先として、潜在的に有力な選択肢が対外投資である。外国ならもっと高い利率で資金が運用できる可能性があるからである。もっとも、外貨で資金を運用すると、為替差損を被る可能性がある。しかし、日銀が円安を実現できるならば、企業は為替差益をも稼ぐことができるであろう。逆に日銀の望む円安を実現するためには、企業が国内で資金を投資せずに、外国での投資を促進しなければならない。

　筆者は企業がある政策に機械的に反応するというような単純思考はとらない。しかし、対外投資の増加は日銀の意図とも合致しているとは言えるだろう。

　対外投資はアベノミクスが始まる前から急増していた。そして、アベノミクスが始まると以前と同じか、それを上回るペースで拡大した。二〇一六年に入ると円高が急速に進んでいた。

すると、対外投資が減少するはずだが、実際にはこの時期にも対外投資の勢いは止まらなかった。

現実にはますます企業は内部留保と対外投資に資金を回しているのである。ここでも現在の日銀は、岩田とリフレ派が批判していた旧来の、あるいはそれ以上の日銀になっていることが分かるであろう。

2 アメリカ経済の何が「回復」しているのか

没落する中間層

二〇〇八年の世界金融恐慌はアメリカ発だった。一般的には危機の震源地アメリカは、日米欧の中で唯一回復したと言われている。そして、その回復をもたらしたのは、FRB前議長バーナンキの金融政策だとも言われている。筆者はこうした通説には懐疑的であることは、第1章で示したことでもある。

しかし、リフレ派はそこからアメリカに倣った金融政策を行い、デフレを脱却させれば、日本もアメリカのように回復すると論じていた。それだけでなく、二〇〇八年の世界的な危機の

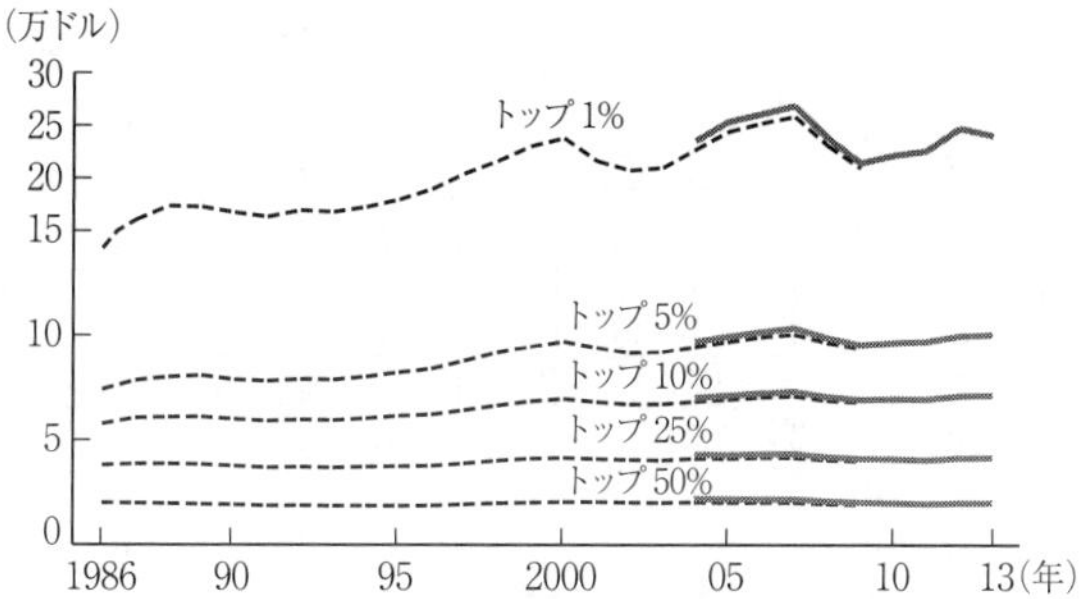

図4-5　アメリカの所得階層別実質課税所得(1986-2013年)

資料：アメリカ内国歳入庁

注：1990年の消費者物価で実質化．新基準は2004-13年．旧基準による1986-2009年は破線で表示

前から、日本ではアメリカに倣ったと称する改革が行われてきた。アベノミクスもまたこうした改革の流れに乗ったものだと言うこともできよう。だから、アメリカの経済回復の中身を知ることは、遠い外国のことを知ることではない。

図4-5はアメリカの所得階層別に納税者の実質課税所得の推移を図示したものである。

上位一%の所得は、一九九〇年代後半のITバブル期に急増した。二〇〇〇年にITバブルが崩壊すると逆に急減したが、その後の住宅バブルの中で再び急増し、かつてのピークを越えた。しかし、〇八年の金融恐慌によって再び急減した。その後の回復も著しいが、まだピークを越えるには至っていない。また一三年には落ち込んでもいる。

上位一%の所得はバブル期に急増し、バブルが崩壊ると急減する。こうした変動を繰り返しながら、全体としては増加を続けてきたことが分かる。

上位五％と上位一〇％の所得は一九九〇年代後半に急増した。二〇〇〇年のITバブル崩壊後、所得は減少するがわずかであり、その後素早く回復する。〇八年の金融恐慌時にも所得は減少したが、比較的速やかに回復する。

上位二五％と上位五〇％の所得は一九九〇年代後半になるまでは、微減か横ばいである。九〇年代後半のITバブル期には増加に転じているが、他の階層よりも増加率は低い。しかし、ITバブル崩壊後には、他の階層と同じように、所得が減少した。そして、住宅バブル期の回復はきわめて遅い。住宅バブルの崩壊後も同じパターンを繰り返す。

特に上位五〇％では、ITバブル崩壊後の回復期も、住宅バブル崩壊後の回復期も、所得は横ばいか、むしろ微減である。

ピケティが『二一世紀の資本』（二〇一四）で指摘したように、上位一％以上の富裕層の所得の大半を占めるのは資産所得である。しかも、富裕層の中でもより上位になるほど資産所得の割合は上昇する。ただし、今のアメリカではスーパー経営者も富裕層に仲間入りをしていることも、『二一世紀の資本』は指摘している。彼らの所得は勤労所得だと考えても構わないかもしれないが、その所得の大半を占めるストック・オプションは株価に連動する。

現在のアメリカの資本主義を指して、投資資本主義とよく言われる。投資資本主義の経営モデルは、企業の経営が悪くなれば、従業員を解雇して、企業の利益を確保し、株価を引き上げる。それを実践した経営者は多額の報酬を受け取るというものである。同時にFRBはバブル崩壊時には、積極的な金融緩和を行い、株価を維持しているとも言われてきた（これはグリーンスパン・プット、バーナンキ・プットと言われていた）。

こうした経営モデルと金融政策のフレームワークが有効に機能すれば、利益を受けるのは株主と経営者だろう。しかし、逆に雇用の破壊と賃金停滞によって中間層は没落していくだろう。理論的な推論が帰結するものが、アメリカでは実際に生じているのである。

ニューディールとは正反対

二〇〇八年の金融恐慌は一九三〇年代の大恐慌以来の世界的危機である。二つの危機前のアメリカ経済の状況はよく似ている。バブルが生じていただけではない。一九二〇年代のアメリカは「黄金の二〇年代」と言われているが、二〇年代は経済の停滞期だという意見も根強い（最近の例は、フリードマン、二〇一二）。二〇〇〇年代前半も、住宅バブルにもかかわらず、経済成長率は並以下である。

一九二〇年代はバブルにもかかわらず、中間層は取り残されていた。二〇〇〇年代のアメリカでも、住宅バブルにもかかわらず、中間層の所得は低下した。二〇〇〇年代のアメリカは一％のスーパーリッチが所得と富を独占する格差社会だと言われている。それは一九二〇年代のアメリカも同じであった。

しかし、金融恐慌からの脱出の過程は正反対である。

一九三〇年代には、まず大恐慌それ自体によってスーパーリッチの所得と富が急減し、所得格差を縮小した。その後のニューディールの経済回復の中でも、引き続き所得と富の格差が急激に縮小した。この時代の格差縮小が「大圧縮」と呼ばれていることは先述した。

大恐慌は四割以上の銀行を破綻させた（ただし、破綻したのは小規模銀行が多い）。それが大恐慌を悪化させた。その後のニューディールの下では、金融規制が強化された。株価が一九二九年のピークまで回復するのは、五〇年代を待たねばならなかった。大恐慌で最も打撃を被ったのは金融であり、ニューディールで最も回復が遅れたのも金融である。

二〇〇八年の金融恐慌もまた、スーパーリッチの所得と富を破壊することによって、格差を急減させた。金融も大きな打撃を受けた。政府が救済しなければ、ウォール街は壊滅したことであろう。ここまでは大恐慌期と同じである。しかし、その後の回復過程で、最も素早く回復したのは、金融とスーパーリッチである。危機からの回復過程のあり方が正反対なのである。経済構造の違いがその一つの原因となっているだろう。二〇世紀初めのアメリカは、フォードに代表されるように、戦後の経済をリードする製造業の発展が始まった時代でもあった。

現在でもＩＴなど新しい産業が生まれていることは確かである。ＩＴを開発するために必要な知識を有する人々の報酬は高騰する。しかし、コンピュータの発展によって、伝統的な熟練の仕事は機械に置き換えられていく。

その結果、将来仕事がなくなるという話もなされている。もっとも、機械を動かすためにはボタンを押す仕事が必要であり、仕事自体はなくならないと筆者は考えている。しかし、こうした仕事は低賃金だろう。仕事はなくならないとしても、ディーセントワークはなくなるのである。

加えて、グローバリゼーションの中で、アメリカの企業自身が製品の開発は国内で行っていても、製造は低賃金の途上国で行うようになっている。アイフォンも実際に部品を作っているのは中国（中国企業とは限らない）だとよく言われている。製造拠点としてのアメリカの空洞化もまた中産階級の没落に寄与している。

しかし、アメリカの政策の効果も決して無視することはできない。大恐慌では銀行破綻の連鎖が生じ、それが大恐慌を悪化させた。逆に二〇〇八年の金融恐慌時には、リーマン・ブラザーズを例外として、巨大金融機関は全て政府が救済した。救済資金の一部は元経営者の退職金や、現経営者のボーナスの支払いに当てられた。加えて、FRBの金融緩和の結果、銀行は低利で資金を借りることができるようになっている。こうした政策が金融機関を素早く復活させると同時にスーパーリッチを復活させた。

当時のFRB議長バーナンキは大恐慌の研究者である。彼は金融機関の機能不全が貸し渋りを招き、大恐慌を悪化させたと論じていた。この理論に基づき、金融機関を救済したのである。大恐慌に学んだ経済学による金融救済政策がスーパーリッチの復活を助けたのである。

もっとも、大恐慌期には他の政策も行われている。連邦緊急雇用は、ピークの一九三六年には三七〇万人の労働者を雇っていた。これは当時の労働力の七％に相当する。現在の住宅ローン市場の仕組みが作られたのは、恐慌後の改革によってである。

けれども、現在のアメリカでは、異端とされるトランプも含めて、政府自らが労働者を雇い入れるというような政策を実施することは考えにくいであろう。金融と金持ちを救済するが、中間層と貧困層は無視するような政策もまた格差拡大に貢献したのである。

トランプ大統領誕生の背後にあるもの

イギリスのＥＵ離脱を決めた国民投票とアメリカのトランプ大統領誕生は、二〇一六年における二つの大きな衝撃的な事件であった。この二つの事件は筆者にとっても「まさか」の出来事であった。しかし、事件の背後にあるものは決して驚きではない。二つの事件の背後には、アメリカやイギリスで格差が広がり、中間層が没落していることがある。

もっとも、選挙の仕組みが結果に大きく影響するということを忘れてはならないだろう。特にアメリカの大統領選挙では得票数ではクリントンの方が上回っていた。州ごとに選挙人を割り振るというアメリカ独特の選挙の仕組みがトランプを当選させたのである。それでも、多くの人々が異端のトランプを支持したことは驚くべき事態と言える。

二〇一六年の大統領選挙では、サンダース旋風も吹き荒れた。政策ではトランプとは正反対であるが、既成のエスタブリッシュメント批判では共通である。ヨーロッパでも右翼のポピュリズムが広がっていると言われている。それはその通りであるが、右翼ほどではないにしても、注意して見ると、急進左翼の支持も広がっていることに気づくであろう。

既成政治の信頼が失われ、左右の両極が支持を集める様子は、一九三〇年代のヒトラー台頭時のドイツを思わせる（当時の日本でも、既成政治が信頼を失い、軍部が台頭したが、左翼の支持はそれほど拡大しなかった）。大恐慌以来の世界経済の危機が、大恐慌以来の世界政治の危機を生み出したのである。

経済的苦境それ自体だけでなく、政府が彼らの苦境を救おうとしていない、政府が救済しているのは銀行と金持ちだという政府に対する不満が、トランプ旋風、サンダース旋風を引き起こしたと言える。

現在、ＧＤＰを中心とした経済指標だけでは人々の生活のよさ悪さは判断できないという理由で、広い社会的な指標にも注目すべきだという主張が、改めて広がっている。もっとも、これは理論的には自明のことである。その古典的な例は、公害を増やしたり、戦争を起こしたりしてもＧＤＰは増加するというものである。

その社会的な指標の代表的なものに、平均寿命や死亡率など寿命に関するデータがある。長生きが人間の究極的な欲望であることを考えれば、それは当然とも言える。ところが、アメリカの白人の平均寿命が伸び悩んでいることが、現在、話題になっている。例えば、トッド（二〇一六）は白人の中高年男性の死亡率がアメリカでは上昇していることを指摘した。彼はその背後にある社会に対する絶望感がトランプ台頭の背後にあると言う。

筆者が調べたところ、白人女性の平均寿命は白人男性以上に伸び悩んでいることを見いだした。その結果、男女とも黒人との平均寿命の格差が縮まってきた。逆に日本は男女ともに世界トップクラスの水準である。しかも、一九九〇年代以降の経済停滞下でも順調に伸びている。トッド(二〇一六)は、クリントンは実態とかけ離れた理想を語り、逆にトランプは、アメリカは上手くいっていないという現実を語り、白人中間層の支持を得たと言う。多くのアメリカ人が、トランプの発言と政策に今も反発している。トランポノミクスがアメリカを復活させるとは筆者は思わない。けれども、アメリカは狭い意味での経済だけでなく、広く社会的にも没落しつつあるというトランプの主張だけは正しいと筆者は考えている。

3　実態なき「回復」

実質給与・賞与

図4-6は「法人企業統計」に基づいて、従業員一人あたり実質給与・賞与を図示したものである。

「法人企業統計」における従業員数は常用者の期中平均人員と、当期中の臨時従業員(総従事

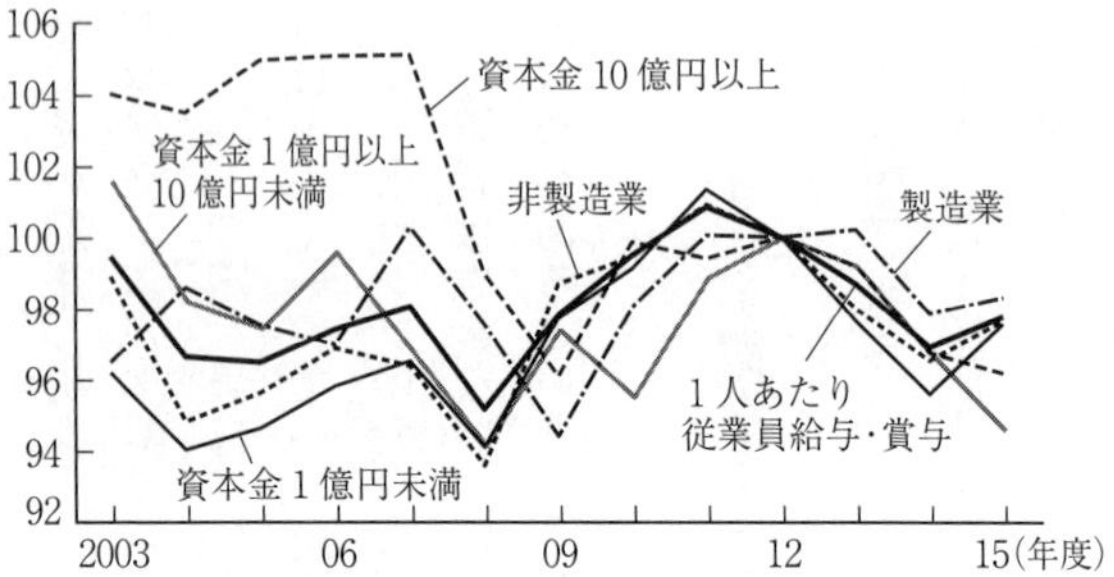

図 4-6　産業別，企業規模別従業員 1 人あたりの実質給与・賞与(2003–15 年度)

資料：財務省ホームページ「法人企業統計」

注：消費者物価指数(「持ち家の帰属家賃を除く」で実質化)，2012 年度を 100 とする指数

時間数を常用者の一カ月平均労働時間数で除したもの）との合計である。だから、常用労働者の半分しか労働しないアルバイトを二人雇用しても、従業員数は一人しか増加しない。

筆者は比較的最近までこのことに気づかなかった。そのため、前著（服部、二〇一四、表1−1、三四頁、図4−4、一五九頁、図4−5、一六一頁、図4−6、一六二頁）では、このことを注記していない。そのことを陳謝するとともに、改めて注記したい。

図4−6を見ると、一人あたり実質給与・賞与の変動は、世界同時不況期に資本金一〇億円以上の巨大企業が急減させたことを除くと、製造業、非製造業、企業規模の違いを超えて、概ね同じ動きを示していることが分かる。

二〇〇四年度以降、一人あたり実質給与・賞与は好

景気の中でわずかであるが増加した。〇八年度には世界同時不況の中で大きく落ち込んだ。しかし、経済の回復とともに、増加に転じ、一一年度には世界同時不況前のピークを越えている。

なお図に示しているのは一人あたりである。そのため、世界同時不況の中で残業時間を減らすと、一人あたり実質給与・賞与は減少する。逆に経済の回復期に残業時間を増加させると、一人あたり実質給与・賞与は増加する。

世界同時不況期とその後の回復期には、実体経済が大きく増減したにもかかわらず、就業者数はあまり変動していなかったことは、第2章で示した通りである。そして、その大きな理由の一つが、就業者数ではなく、一人あたりの就業時間で雇用が調整されていることにあると筆者は主張した。この時期に一人あたり実質給与・賞与が大きく増減していることは、第2章の主張が正しいことの状況証拠になるであろう。

ところが、アベノミクスが始まると、一人あたり実質給与・賞与は減少する。この減少も産業、企業規模の違いはあまりない。企業の営業利益は、製造業、大企業で急増していたことは先述した。すなわち、企業の利益の拡大は賃上げにほとんど影響を与えていないということである。

さて、アベノミクスが始まってから実質賃金が低下を続けているということはよく指摘されることである。これに対して、実質賃金の低下は、賃金水準の低い非正規労働者が増加したためで、総賃金は増加しているという反論がある。

けれども、「法人企業統計」の従業員数は、一三年度には減少した。一四年度以後は増加に転じるが、一五年度になっても一二年度の水準には及ばない。つまり、総実質賃金は一人あたり以上に減少している(ただし、従業員数の減少はわずかなので、あまり違いはない)。

第2章では就業者が数の上では増加していても、延べ就業時間で見れば、逆に減少していることを明らかにした。「法人企業統計」において、常用者で換算された従業員数が微減であることは、この主張が正しい可能性が高いことを示すものであろう(なお常用に換算しなければ、従業員数が増加しているかどうかは、データがないので不明である)。

富裕層の所得と金融資産は急増

本当の富裕層の所得は資産所得に偏っている。「家計調査」の勤労者世帯に本当の富裕層はほとんどいないだろう。ピケティが『二一世紀の資本』(二〇一四)において、上位一%以上の富裕層の所得と富の実態を分析するために使ったのが税務署のデータである。本書でも国税庁のデータによって、富裕層の所得の推移を明らかにしよう。

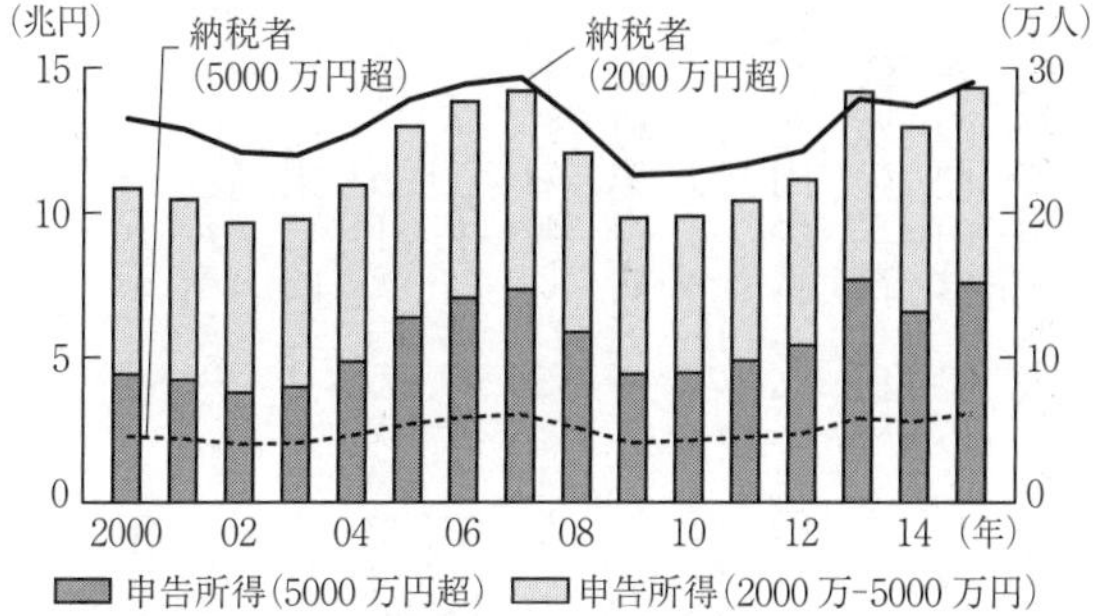

図 4-7　高額納税者とその申告所得(2000-15 年)

資料：国税庁ホームページ「申告所得税」

注：申告所得は左目盛り，納税者数は右目盛り

日本では、所得が二〇〇〇万円を超える人は必ず所得を申告しなければならない。それに該当する人は二十数万人程度にすぎない。図4-7は二〇〇〇万円を超える所得を申告した人数とその所得を図示したものである。本来は物価の変動を調整しなければならないが、そのためのデータがない。ここでの数字は名目である。けれども、二〇〇〇年から物価の変動はほとんどないから、大勢には影響しないであろう。

二〇〇〇年代半ば、いざなみ景気の中で所得二〇〇〇万円超の富裕層が納税者数でも、所得全体でも増加した。もっとも、図には示していないが、バブル末期の一九九一年には富裕層は納税者数では四一万人、所得では二四兆円と、比べものにならないくらい大きかった。

しかし、世界同時不況の中で、富裕層が納税者数でも、その所得でも減少した。その後、経済の回復の中で、両者ともに増加したが、わずかである。ところが、アベノミクスが始まると、富裕層とその所得が急増し、いざなみ景気の末期とほぼ同じ水準となっている。一四年には前年と比べて減少したが、一五年には一三年をむしろ上回る水準まで回復した。法人企業の従業員一人あたり実質給与・賞与が減少していたのとは、対照的である。

また東京商工リサーチ(二〇一五、二〇一六)は、一億円以上の報酬を得た上場企業の役員が、二〇一五年三月の決算では四一三人、一六年三月の決算では四一四人に上ったことを伝えている。一三年三月の決算では三〇一人だったから、アベノミクス開始後、わずか二年で一〇〇人以上も増加したことになる。

野村総合研究所(二〇一六)の推計では、純金融資産一億円を超える富裕層・超富裕層の世帯は、二〇一一年の八一万世帯から、一五年には一二二万世帯に増加した。純金融資産総額も一八八兆円から二七二兆円へと急増した。その結果、世帯数では二%の富裕層・超富裕層が純金融資産の二割を占めることとなった。

その理由は、アベノミクスによる株価上昇により、「もともと富裕層および超富裕層の人々の保有資産が拡大したことに加え、金融資産を運用(投資)している準富裕層の一部が富裕層に移行したため」と野村総合研究所は述べる。筆者もその通りだと考えるが、それはきわめて常識的な話であろう。

アベノミクスは富裕層の所得と富の拡大に大きな貢献をしたことが分かる。ピケティは『二一世紀の資本』(二〇一四)で経済成長率よりも資本の収益率が高ければ、格差は拡大すると述べている。もちろん、全ての格差がこれで説明できるというのは単純すぎる。しかし、資産所得の比重が高い上位数%以上の人々にとって、資本の収益率が重要な意味を持つのは確かである。

そして、全ての資本の収益率は同じではない。現在の日本では銀行預金の収益率はほとんどゼロである。しかし、アベノミクスが始まってから、全体的に株価は著しく上昇した。株価の収益率は名目成長率を遥かに上回っているのである。所得と資産が一部のスーパーリッチに集中するのは理論的に考えても当然の結果である。

こうした結果は、アメリカの状況ともよく似ている。政府とFRBは金融機関を立て直し、株価を上昇させた。株価の上昇を通じて、スーパーリッチの所得を回復させた。他方で、下位四分の三以下の層の所得はむしろ減少している。

第1章で触れたように、スティグリッツ(二〇一五、三九一—三九九頁)は日本から学ぶべき点の一つとして日本にはアメリカのような格差がないことをあげていた。それはそうかもしれないが、なぜかを考えなければならないであろう。

一つの要因は日本では長らく株価が低迷し、人口減のために地価も低下が続いていた。そのため、資産所得が巨大なものとはならなかった。もう一つの要因が、日本では、巨大企業の経営者が、アメリカのように、年数十億円もの報酬を受け取ることがまれなことである。

すると、アベノミクス下で株価の急上昇が進むと同時に、東京などでは地価も急上昇し、急増した巨大企業の利益が役員の巨額な報酬支払いに使われるようになると、日本でもアメリカのような極端な格差が生まれることになるだろう。理論が想定する通りのこと、そして、アメリカと同じことが日本でも生じているのである。

アベノミクスが始まってから、どの世論調査でも景気回復の実感がないという回答が一貫して七割かそれ以上を占めている。大部分の家計は労働をして、給与を受け取り、生活をしている。物価の上昇に給与が追いつかない状況では、多くの国民の生活は改善するはずもない。大多数の国民の実感は実態を反映しているのである。

アメリカに倣った政策がアメリカと同じような賃金停滞と、所得と富の集中を作り出すのは不思議なことではない。

終章　アベノミクスとポスト真実

我々の進歩のテストは、多くを持っている者の豊富さに、我々がさらに加えたかどうかにはない。それは我々があまりにも少なくしか持っていない者に十分に提供したかどうかにある(Roosevelt, 1937)。

1　経済学の「裏の歴史」

アベノミクスの成果とは何か

アベノミクスの真実は単純である。日銀の異次元緩和はデフレ脱却にも、実体経済の回復にも失敗した。延べ就業時間は微減か、横ばいである。就業者の増加は、短時間就業者が増加したことと、労働生産性上昇率がほぼゼロになった結果である。

急速な円安は輸出拡大によって、成功する可能性があったと筆者も思う。しかし、実際には急速な円安は輸出を拡大させせなかった。逆に円安にもかかわらず、輸入が急増した。輸出拡大なき円安は、円安インフレによって、実質賃金と家計の実質所得を削減した。それによって、消費が停滞する。こうして円安による経済回復のルートは途絶えた。金融政策が効果を発揮するルートの候補として後に残るものは、意味がないか、有害なものである。

円安は企業、特に輸出企業の利益を急増させた。しかし、企業、特に巨大企業は、巨額の利益を設備投資や賃上げに回さず、内部留保に回している。今では政府・日銀の関係者ですら、それに対する不満を述べる。けれども、こうした状況は以前からの話である。巨額の内部留保を蓄えている企業の利益を急増させても、内部留保がさらに増加するだけだということは予想されていたことである。

「空き家大国」の日本では低金利による住宅投資拡大は見込めない。人口減が進む日本では、今の水準の住宅建設でも過剰供給と言えるだろう。特に貸家や分譲マンションの建設は、負の遺産になると警告を発している著作も存在している(例えば、野澤、二〇一六)し、筆者もそれに賛同する。さらに、第1章で示したように、最近の若者世帯を中心とした消費削減は、住宅ローンの負担が原因である可能性があろう。

最先端の数学、物理学のように普通の人の常識では理解できないような高度な論理を展開する学問がある。しかし、本書で用いられている道具は平易なものであると同時に、多くの国民の実感にも合致していると筆者は信じている。

経済政策の評価は何をもって成功とするのかという価値観に依存する。すでに多額の内部留保を蓄積している巨大企業の利益をさらに増加させることや、一部の富裕層の所得や富をさらに拡大させることを成功とするならば、アベノミクスは成功したと言えるであろう。アメリカでも、二〇〇八年の金融恐慌で破綻に至った金融機関をいち早く復活させ、急落したスーパーリッチの所得を回復させることが成功だとするならば、バーナンキを始めとした政策当局は、大きな成功を収めたと言えるだろう。

終章冒頭の引用は、フランクリン・ローズベルトの大統領第二期就任演説からのものである。このようにローズベルト大統領は、ニューディールの評価はスーパーリッチをよりスーパーリッチにすることではなく、貧困層の所得を改善するかどうかにあると述べていた。筆者はこのローズベルトの基準をアベノミクスの評価に使いたいと思う。そして、ローズベルトの基準にしたがう限り、アベノミクスは失敗である。

アベノミクスの手本はアメリカにある。そのアメリカでは、二〇〇八年の危機後、金融と富裕層が急速に復活する。他方、雇用の回復が遅れ、中間層の没落が続く。それを象徴するのが、昨年のトランプ大統領の登場である。アベノミクスの結果も、こうしたアメリカの現実を見れば、予想されたことであろう。

泥沼にはまる日銀

デフレ脱却が道半ばであることは安倍首相自身が繰り返し述べることである。すると、リフレ派理論としては、さらなる金融緩和が必要だということになる。具体的な手段としては、マネタリーベースのさらなる拡大か、マイナス金利の深掘りかである。

ところが、すでに日銀の国債購入は大量である。このまま続くと早晩、売り手となる金融機関がいなくなることが目に見えている。社債やETFなどの市場の規模は小さいから、こうした証券の購入もすぐに限界を迎えるだろう。国債その他の証券の購入をさらに増加させても、証券の売り手がいなくなる世界の到来を早めるだけである。

この制約を除く一つの手段は財政赤字を拡大させることであろう。要するに財政政策が金融政策の限界を決めているのである。

マイナス金利の深掘りについても、マイナスになっているのは、金融機関の日銀当座預金(の一部)の金利と国債の金利である。家計や企業の預金や借入金利がマイナスになっているわけではない。すでにゼロに近いこれらの金利が少々下がったくらいでは大勢には影響が生じないであろう。

仮に銀行の貸出金利がマイナスになれば、極端な話、一兆円を借り、九九九〇億円を返済用の資金として残し、一〇億円で生涯の生活費を賄うという選択が可能となる。こうした世界は別世界になろうが、銀行は莫大な損失を被る。実際にはこうした世界はあり得ないであろう。

もう少し現実的な政策は、将来の成長に役立つための貸出資金の金利をマイナスにするというものであろう。あるいは、そのための資金を銀行などに日銀がマイナス金利で貸し出すというものであろう。しかし、これは政府が補助金を与えるのと実質的には同じである。

今の日銀には政策手段が限られている。しかも、これまでのことを考えてみれば、戦力の逐次投入を行っても、効果は薄いと普通の人ならば考えるであろう。日銀は泥沼にはまっているのである。

しかし、それでも日銀関係者の主張は強気である。筆者はリフレ派の人々のことを個人的によく知っているわけではないが、恐らく信じてそう主張しているのだと考えている。心理学には「認知的不協和」という話がある。人間は不都合な事実を無視するようにできているのである。

エリート政治とポスト真実

大々的な金融緩和をやったが、デフレは脱却できなかったでは、自己の理論が否定されたことになる。それでは経済学者として築き上げたものが崩れてしまう。国民をだましたことになる。責任を取ろうにも取りようがない。こうしたことに向き合うよりも、一年か、二年先にはデフレが脱却できると繰り返して、外れ続ける方が心理的には楽であろう。心理的に楽なものが真実とは限らないが、人間は心理的に楽なものを真実と思い込むようにできているのである。

しかも、「永続しないものはいずれは終わる」とも言う。デフレも永久に続かない限り、いずれは終わる。だから、一年か二年先にはデフレが脱却できると言い続けていれば、そのうちに本当に脱却できる時もくるだろう。

加えて、集団思考という問題もある。集団思考は、一枚岩の集団で、他集団を見下すとともに、自集団を過大評価し、同調圧力が強い場合に起こりやすいと言う(これらの特徴はしばしば重なるだろう)。これはリフレ派の特徴である。二〇〇八年の金融恐慌の前のＦＲＢもそうだった。こうした時に愚かな決定が行われても、集団内部でチェックされず、継続していくのである。

二〇一六年には、イギリスのEU離脱を決めた国民投票、アメリカのトランプ大統領誕生と、今までの常識を超える事態が生じた。こうしたポピュリズムの広がりの中で、それに対する反発もまた広がっている。

ポピュリズムは、複雑な事態を分かりやすく単純化する。移民などを敵視し、差別し、排除する。ところが、彼らの分かりやすく単純な主張は間違っているので、結局は失敗する。もっとも、分かりやすく単純な主張でも、正しければ、それは素晴らしいことである。したがって、最後の間違っているということが根本的な問題である。

だからといって、反対のエリート政治が正しいというわけではない。

話を単純化することでは、エリート政治も同じである。日銀が金融緩和をすれば、デフレが脱却できる。デフレが脱却できれば、消費が増加し、企業が巨額の内部留保を設備投資や賃上げに使うというのも、分かりやすく単純な話である。

他方、知性あふれるエリートは下品な差別を行わない。彼らが行うのは「蔑視」である。優れた知性を持つと信じる彼らは、彼らに反対する者を、彼らの深遠な理論を理解できない者として、蔑視する。リフレ派は彼らに反対する者を、経済学が理解できない者として排除した。反対派を蔑視し、排除しても、彼らの主張が正しく、日本経済を復活させられれば、それは素晴らしいことである。しかし、彼らが信じている理論と称するものも間違っているので、結局は失敗する。二年で解決するはずだったデフレは四年をすぎようとしているのに、未だに解消しない。消費も停滞が続いている。経済成長率も以前よりも下がっている。

ポピュリズムも、エリート政治も、人間の愚かさという点では変わりがないのである。

またオックスフォード辞書は、二〇一六年の言葉として「ポスト真実」を選んだ。ポスト真実時代の政治では、個人的信条・願望や政治的な都合が重要であり、政策の詳細や客観的な事実は無視される。

抗議の中で行われたトランプの大統領就任式には観客が少なかった。しかし、大統領報道官は史上最大の就任式だと述べた。明らかに分かる嘘に対して批判が生じると、大統領顧問のコンウェイは「代替的な事実(オルタナティブ・ファクト)」だと述べた。

まだトランプの政策は不確定要素が強く、今の段階では憶測しかできない。しかし、トランプが財務長官に選んだのは、ゴールドマン・サックス出身のムニューチンである。経済政策もレーガノミクスに近いと言われている。実際、トランプは、レーガン以来、共和党政権がよく実施する金持ち減税を実施しようとしているようである。

けれども、レーガノミクスの下で、アメリカ製造業の空洞化が急速に進み、貿易赤字も急増した。レーガン政権は建前としては自由貿易を支持していたとしても、実際には日本の自動車の対米輸出自主規制、日米半導体協定など管理貿易の手法を大きく発展させた（これもポスト真実の一つとも言える）。管理貿易という点でも、トランポノミクスは、レーガノミクスと共通している。

レーガン政権は、今に至るアメリカの金持ち政治と格差社会の始まりとされる。そのレーガンに倣った政策がアメリカの没落する中産階級を復活させるとは、筆者にはとても思えない。しかし、ポスト真実時代にはそうしたことはどうでもよいのだろう。

しかし、ポスト真実を広めているのは、ポピュリズムだけとは限らない。日銀は二年で達成するはずだったインフレ目標を未だに達成できないでいる。それにもかかわらず、未だにデフレ脱却は順調に進んでいると言う。彼らの頭の中では、二〇一九年三月までには物価目標が達成できるのである。

もっとも、単なる事実やデータと真実は違うということは、昔から指摘されてきた。嘘には、嘘、大嘘、そして統計の三つがあるとも言う。都合のよいデータを示すことによっても、真実は隠すことができる。加えて、嘘とは意図的に事実と異なることを主張することである。間違いに気がつかずに、間違ったことを主張するのは嘘ではない。けれども、間違いもまた真実とは異なる。

例えば、消費者物価のうち、日銀が目標とするのは、コア指数である。ところが、コア指数の上昇率が低下し、マイナスになった。この時、日銀は日銀版コアコア指数は依然としてプラスであり、物価の基調は上昇が続いていると論じた。データには間違いはない。しかし、本書では加重中央値の上昇率は、アベノミクスが始まる前から一貫してゼロ近傍であることを明らかにした。不適切なデータの使用によっても、真実を隠すことができるのである。

さらに未来に対する不確実性の問題がある。先述したように、日銀は二〇一九年三月までにはデフレが脱却できるという見通しをだしている。しかし、これまでの日銀は五度も目標の達成時期を先送りしている。まともな感覚の持ち主ならば、次も達成時期を先送りするだろうと考えるであろう。けれども、未来のことは誰にも確実には予想できない。だから、日銀の根拠の薄い見通しは誰も間違っていると否定できないのである。

2　経済の危機は経済学を進歩させる

中央銀行は後退する

キリスト教では、神は「全知・全能」、「完全に善」である。すると、こうした神が作り出す世界は「完全に善」となるはずである。しかし、ほとんど全ての人はこの世が「完全に善」だとは思えないであろう。ここにトリレンマがある。それを解くのがキリスト教神学の大きな課題となっている。

二〇〇八年の世界金融危機が起きる前、中央銀行にも「神学」があった。その「神学」の下で、世界の主要国は物価安定と経済成長を両立させているとされた。デフレの下で経済が停滞しているとされていた日本も、日銀がこの「神学」に背く行為をしていたためだとされ、「神学」の正しさを実証するものだとされていた。実際には一人あたりで見ると、日本の経済成長率はアメリカやヨーロッパにひけを取らなかったことは、第1章で示した通りである。

FRB前議長のバーナンキは、この「神学」の中心にいた人物である。彼が、まだFRBの理事だった時に、正しい金融政策が行われた結果、アメリカでは深刻な景気循環は今後起きないであろうと論じたことは有名な話である。

ところが、二〇〇八年、アメリカ発の世界金融危機が生じた。今なおその傷は完全には癒えてはいない。そこで、中央銀行は後退する。後退することによって生き残りを図った。そもそも人間が運営する中央銀行に全能はあり得ない。国民に全能と思われることは、逆に小さな傷が命取りになる。逆説的だが、全能性を否定することによって、中央銀行は生き残ることができるのである。

「神学」の危機後の縮小版は、アメリカは危機の震源地であったが、バーナンキの金融政策によっていち早く復活したというものである。皮肉にも、バーナンキは危機を防げなかったがゆえに、アメリカと世界を復活させ、救世主とされたのだった。これが疑わしいことも、すでに述べた通りである。

黒田＝岩田日銀はデフレ脱却に失敗した責任を外的要因に押しつけて、生き残りを図ろうとしている。それによって、かえって自己の理論を崩壊させている。

浜田(二〇一七)も日本のデフレ脱却が進まないのを見て、デフレ脱却は生産や雇用の回復のための手段であって、それ自体が目的でないと修正した。しかし、これはインフレ目標不要論である。そもそも前総裁白川時代に日銀がインフレ目標を決めたのは、浜田や岩田の主張を基に安倍首相が、日銀にそれを迫ったからであった。それが今、インフレ目標不要論を唱えるとは驚きである。

またデフレでも実体経済がよければ、それで構わないという主張は、「よいデフレ」論である。ところが、リフレ派は「よいデフレ」はあり得ないと主張していた。浜田が「よいデフレ」論に鞍替えしたのも驚きである。

さらに、第1章で示したように、アベノミクスが始まる前の日本経済の成長率は、アベノミクス期よりも高い。デフレ脱却がなくても成長していればよいのであるならば、従来の状況でよかったということになる。

経済学の歴史でも、広くは科学の歴史でも、一世を風靡したがあっけなく廃れた考え方は少なくない。危機の前の中央銀行の「神学」もそうだった。アベノミクスもまたそうした運命をたどることになるのではないのだろうか。

新思考は誕生する

しかし、逆説ながら、危機は科学を発展させる。二〇〇八年の危機の後でも新思考が生まれてきている。

二〇〇八年の金融恐慌については毎年数多くの本や論文が出版されている。しかし、その究極的な原因が住宅バブル崩壊であったことは、バーナンキも含めて、異論はないであろう。だから、危機後注目を浴びたのが、ミンスキーの金融不安定性仮説とクーのバランスシート不況論だった。直接的な継承関係がどれほどあるかは別にして、危機後はこの線に沿った研究が進む。

例えば、ジョルダ、シュラリック&テイラー(Jordà, Schularick and Taylor, 2015)は全てのバブル崩壊が経済に対して同じような打撃を招かないのはなぜかという問いを立てた。彼らの答えは負債の効果の違いである。彼らはバブルを住宅バブルと株式バブル、もしくは負債の拡大をともなうものとともなわないものに四分割した。そして、負債の拡大をともなうものの方が、あるいは住宅バブルの方が、バブル崩壊時の打撃が大きくなると言う。したがって、負債の拡大をともなう住宅バブルが崩壊した時に、経済の打撃が最大となる。

なお、同じく負債の拡大をともなったバブルでも住宅バブル崩壊の方が経済の打撃が大きくなるのも、負債の効果の結果によるところが大きい。株式は一般的にその保有が富裕層に偏る。他方、中産階級にとって、住宅は主たる財産である。そのため、株式バブルが崩壊した時、余裕のある富裕層が多額の損失を被っても、経済の悪化はさほど大きくない。他方、住宅バブル崩壊時には、余裕の少ない中間層も多額の損失を被るので、経済が大きく悪化する。

ところが、フリードマン説やリフレ派理論では、バブル崩壊や金融危機は大恐慌や日本の長期停滞とは無縁とされている。それは奇妙なことではないのだろうか。

シナモン&ファツァーリ(Cynamon and Fazzari, 2015)は、危機前および危機後の行動が所得の上位五％と下位九五％では全く異なると言う。

通常、景気後退期には、所得が落ち込み、それが消費を落ち込ませる。しかし、消費を大きく落ち込ませるのは苦痛であるから、所得の減少ほどは消費が減少しないのが普通である。こうした消費の性質によって、景気後退が和らげられる。二〇〇八年の金融恐慌においても、余裕のある上位五％の家計では富と所得を大きく減少させたが、消費の減少はそれほど大きくない。上位五％の家計は通常のパターンを示している。

他方、下位九五％の家計は、住宅バブル期に、借金によって消費を拡大させた。危機後、彼らはその借金を返済するために、消費を急減させている。シナモン＆ファッツァーリはこの九五％の節約が危機後の経済回復を遅らせていると言う。

こうして金融危機の問題は所得格差の問題と結びつけられる。

ミアン＆スフィ（Mian and Sufi, 2014）も同じ問題意識を持っている。彼らは住宅バブル崩壊後、借金を背負っていた家計ほど消費を減少させていることを示している。また純資産の減少が大きかった地域ほど、消費を減少させていることも示している。

格差に関しても、広く社会的な有害さに関する研究が進んでいる。狭い意味での経済成長についても、現在、ＯＥＣＤ（例えば、OECD, 2015）は格差が経済成長に有害だと論じている。Ｏ

ＥＣＤが問題にしているのは、貧困層だけでなく、下位四〇％に及ぶ広範な人々である。格差が大きな国では、下位の人々が教育、訓練を受けられず、労働者の質の低下を招く。それが経済成長を妨げるのである。

自滅するリフレ派理論

科学の世界では、真理かどうかは実験をして決めるとされる。しかし、経済学のような学問では、不可能ではないとしても、そう簡単には実験はできない。できたとしても、軽々しく実験を行うべきではないことも多い。だから、日銀の壮大な実験は貴重なのである。

その実験の結果を踏まえて、浜田(二〇一七)も金融政策の効果に陰りが生じていると述べている。その理由として、初めにあげるのは、金利がゼロになると金融政策の効果がないということである。しかし、浜田自身が述べるように、これはケインズが流動性の罠と呼んだものであって、新味はない。

続いて、外為市場における異変のために、日本の低金利にもかかわらず為替レートが円安にならなかったことも指摘する。さらにはマイナス金利の効果がでていないこともあげる。確かにマイナス金利は住宅ローンの金利を押し下げたが、円安効果はなかったのである。

さて、岩田・浜田・原田(二〇一三、五頁)は過去の日銀の金融緩和を「しょぼい」ものだとして批判していたことは先述した。確かにほぼゼロとゼロは異なるから、住宅ローンの金利は引き下げることができる。しかし、それは「しょぼい」ものでしかあり得ない。金利の「しょぼい」引き下げによって、「空き家大国」の日本で住宅建設が急増するとは思えない。急増したとしても、望ましくないだろう。

岩田はマネタリーベースの大量供給がインフレ期待を作り出すと論じていた。しかし、今ではインフレ期待をコントロールすることの困難さを認めるに至った。

異次元緩和の前、リフレ派は、現在存在する大量の国債を買い切っても、デフレが脱却できないということはあり得ないと言っていたことも先述した。しかし、今や日銀が国債を購入したくても、できない世界が到来しようとしている。

現在の日銀は、原油価格の低落がデフレ脱却を阻害したと述べる。デフレ脱却のためには賃金の引き上げが必要だと言う。日銀自体がリフレ派理論の否定を始めたのである。

最近、コスト説の正しさを証明したのが、消費税増税である。消費税増税はコストの増加を通じて、物価を引き上げたのである。すると、賃金の引き上げもまた物価を引き上げることとなるであろう。もっとも、賃金の引き上げ全てが物価の引き上げに転嫁できないとするならば、企業の利益は圧迫されることになる。
賃金の上昇のために、最低賃金を引き上げる。官製春闘を通じて、企業に賃金上昇を促す。賃金引き上げに対する減税を行うことも可能である。かつて課税に基づく所得政策を主張したのがワイントロープだった。ただし、彼が問題としたのはインフレ抑制である。だから、彼は賃金の上昇率のガイドラインを決め、それを上回る賃上げを行った企業に課税することを提案したのだった。現在は賃金引き上げが課題であるから、方向を反対にすればよいのである。

こうした方策は量の効果の大小はともかく、方向性が正しいことは理解できよう。

けれども、日銀には賃金、為替レート、世界の原油価格、輸入価格一般といった要因を直接的にコントロールする手段がない。

もっとも、フィリップス曲線の議論がある。フィリップスは失業率が低下すると、賃金上昇率が高くなることを見いだしたのだった。だから、金融緩和によって需要不足を解消すれば、賃金上昇率は上昇することになる。もっとも、現在の日本経済では、金融緩和によっても需要が拡大していない。現役世代の減少の中で人手不足が生じても、賃金がなかなか上昇しない。

しかし、近い将来、人手不足が賃金上昇を引き起こす可能性はあり得ると筆者は考えている。

さらに、労働生産性が上昇していない。それは賃金コストの低下を妨げるであろう。だから、筆者は近い将来のデフレ脱却の可能性は小さいと考えているが、否定はできないとも考えている。

逆にアベノミクスの目標のうち、最も困難なのが実質二％の経済成長目標と実質賃金率の相当程度の上昇だと考えている。労働生産性がほとんど上昇しない状況で、実質賃金だけを引き上げるのが難しいことは当然のことであろう。加えて、現役世代人口の減少の中で、労働供給の制約はますます強くなる。こうして中長期的には、労働供給の面から経済成長を抑制していくであろう。

ところで、岩田はインフレ目標や、金融政策一般について信認の重要性を訴えてきた。白川日銀がかつて一％の物価上昇率を目指すという「目途」をだしていたことは、先述した。ところが、岩田(二〇一二、一七九頁)はこの「目途」を批判した。達成時期が示されていないので、目標が達成・維持されなくても、責任をとらなくてすむからである。「日銀は「とにかく、目途が見通せるまで、努力しているというポーズ」をとるだけでよい」と批判した。

現在の日銀は明確な目標と達成時期を持っている。けれども、達成時期までに目標を達成したことは一度もない。目標が達成できないことが分かるたびに、達成時期を一年か、二年先送りする。そして、時間が経つにつれて、新たな達成時期にも目標が達成できないことが明らかになる。

しかし、岩田と日銀は全く困らない。明確な目標がはたせなくても、「目標が達成できるまで、達成時期を先送りし、努力しているというポーズをとるだけでよい」からである。

二〇一七年一月四日、黒田は「今まで以上に強い確信をもって、デフレ脱却にむけて大きく歩みを進める年になる」(日本経済新聞、二〇一七)と述べたそうである。しかし、自ら決めた約束を平気で破る。約束を破った責任を他に転嫁する。こうしたことを繰り返す人間は信じるに値しないというのが、まともな社会人の感覚である。まともな社会人ならば、黒田の確信に満ちた言葉も信じないだろう。

だから、日銀の信認を破壊する者は日銀自身なのである。

参考文献

日本語（新書の性格を考えて、翻訳書の原著は省略した）

安達誠司（二〇一三）「金融政策決定プロセスと金融政策論争の系譜」岩田規久男編著『まずデフレをとめよ――日本経済再生』日本経済新聞出版社。

岩田一政・左三川郁子・日本経済研究センター編著（二〇一六）『マイナス金利政策――三次元金融緩和の効果と限界』日本経済新聞出版社。

岩田規久男（二〇一二）『日本銀行――デフレの番人』日経プレミアシリーズ。

岩田規久男（二〇一三a）『リフレは正しい――アベノミクスで復活する日本経済』ＰＨＰ研究所。

岩田規久男（二〇一三b）「金融政策運営の望ましい枠組みとは何か」岩田規久男・浜田宏一・原田泰編著『リフレが日本経済を復活させる――経済を動かす貨幣の力』中央経済社。

岩田規久男（二〇一四）「最近の金融経済情勢と金融政策運営――石川県金融経済懇談会における挨拶」九月一〇日。

岩田規久男（二〇一五a）「最近の金融経済情勢と金融政策運営――宮城県金融経済懇談会における挨

拶」二月四日。

岩田規久男（二〇一五b）「最近の金融経済情勢と金融政策運営――札幌市金融経済懇談会における挨拶」五月二七日。

岩田規久男（二〇一五c）「最近の金融経済情勢と金融政策運営――岡山県金融経済懇談会における挨拶」一二月二日。

岩田規久男（二〇一六a）「最近の金融経済情勢と金融政策運営　海外経済を巡る不確実性の高まりと金融緩和の強化――神奈川県金融経済懇談会における挨拶」八月四日。

岩田規久男（二〇一六b）「最近の金融経済情勢と金融政策運営――長崎県金融経済懇談会における挨拶」一二月七日。

岩田規久男・浜田宏一・原田泰（二〇一三）「序」岩田規久男・浜田宏一・原田泰編著『リフレが日本経済を復活させる――経済を動かす貨幣の力』中央経済社。

岡田靖（二〇一三）「デフレはどれぐらい日本経済を蝕んでいるのか」岩田規久男編著『まずデフレをとめよ――日本経済再生』日本経済新聞出版社。

木内登英（二〇一六）「わが国の経済・物価情勢と金融政策――鹿児島県金融経済懇談会における挨拶要旨」二月二五日。

黒田東彦（二〇一六）「第三回カナダ銀行・日本銀行共催ワークショップにおける開会挨拶の抄訳」九月

三〇日。

参議院財政金融委員会(二〇一四)「第百八十七回国会　会議録第三号」一〇月二八日。

スタックラー、デヴィッド&サンジェイ・バス(二〇一四)『経済政策で人は死ぬか？——公衆衛生学から見た不況対策』(橘明美・臼井美子訳)草思社。

スティグリッツ、ジョセフ・E．(二〇一五)『世界に分断と対立を撒き散らす経済の罠』(峯村利哉訳)徳間書店。

スティグリッツ、ジョセフ・E．(二〇一六)『ユーロから始まる世界経済の大崩壊——格差と混乱を生み出す通貨システムの破綻とその衝撃』(峯村利哉訳)徳間書店。

ソーキン、アンドリュー・ロス(二〇一〇)『リーマン・ショック・コンフィデンシャル』(上)追いつめられた金融エリートたち・(下)倒れゆくウォール街の巨人)(加賀山卓朗訳)早川書房。

東京商工リサーチ(二〇一五)「二〇一五年三月期決算「役員報酬一億円以上開示企業」調査(最終まとめ)」七月一三日。

東京商工リサーチ(二〇一六)「二〇一六年三月期決算　上場企業「役員報酬一億円以上開示企業」調査(六月三〇日一七時時点)」六月三〇日。

トッド、エマニュエル(二〇一六)「トランプ氏勝利　トッド氏に聞く　理想に反発した白人層」『毎日新聞』一二月一五日。

内閣府(二〇一四)「月例経済報告(平成二六年八月)」八月二六日。

内閣府編(二〇一六)『経済財政白書(平成二八年版)――リスクを越えて好循環の確立へ』日経印刷。

中島上智・西崎健司・久光孔世留(二〇一六)「先進国における労働生産性の伸び率鈍化」『BOJ Reports & Research Papers』三月。

日本銀行(二〇一三)「総裁・副総裁就任記者会見要旨」三月二二日(記者会見は二一日)。

日本銀行(二〇一六a)「経済・物価情勢の展望(二〇一六年四月)」四月二九日。

日本銀行(二〇一六b)「「量的・質的金融緩和」導入以降の経済・物価動向と政策効果についての総括的な検証(背景説明)」九月二一日。

日本銀行(二〇一六c)「総裁記者会見要旨」九月二三日(記者会見は二一日)。

日本銀行(二〇一六d)「経済・物価情勢の展望(二〇一六年一〇月)」一一月二日。

日本銀行(二〇一七)「経済・物価情勢の展望(二〇一七年一月)」二月一日。

日本経済新聞(二〇一七)「日銀総裁「デフレ脱却へ大きく歩み」」一月四日夕刊。

日本統計協会編(一九八八)『日本長期統計総覧』第三巻、日本統計協会。

野澤千絵(二〇一六)『老いる家　崩れる街――住宅過剰社会の末路』講談社現代新書。

野村総合研究所(二〇一六)「日本の富裕層は一二二万世帯、純金融資産総額は二七二兆円――いずれも二〇一三年から二〇一五年にかけて増加、今後富裕層の生前贈与が活発化する見込み」一一月二八日。

バーナンキ、ベン（二〇一五）『危機と決断――前FRB議長ベン・バーナンキ回顧録』（上・下）（小此木潔監訳）KADOKAWA。

服部茂幸（二〇一三）『新自由主義の帰結――なぜ世界経済は停滞するのか』岩波新書。

服部茂幸（二〇一四）『アベノミクスの終焉』岩波新書。

服部茂幸（二〇一六）「アベノミクスの死角　安倍政権はほぼゼロ成長――日本経済は九〇年以降「第三の停滞期」」『週刊エコノミスト』第九四巻第三七号、九月一三日。

浜田宏一（二〇一三a）『アメリカは日本経済の復活を知っている』講談社。

浜田宏一（二〇一三b）「デフレの即効薬は金融政策」岩田規久男・浜田宏一・原田泰編著『リフレが日本経済を復活させる――経済を動かす貨幣の力』中央経済社。

浜田宏一（二〇一七）「「アベノミクス」私は考え直した」『文藝春秋』第九五巻第一号、一月。

原田泰（二〇一六）「わが国の経済・物価情勢と金融政策――長野県金融経済懇談会における挨拶要旨」一〇月一二日。

ピケティ、トマ（二〇一四）『二一世紀の資本』（山形浩生・守岡桜・森本正史訳）みすず書房。

フリードマン、ベンジャミン・M.（二〇一一）『経済成長とモラル』（地主敏樹・重富公生・佐々木豊訳）東洋経済新報社。

宮崎義一（一九九二）『複合不況――ポスト・バブルの処方箋を求めて』中公新書。

英語

Ahearne, A., J. Gagnon, J. Haltmaier and S. Kamin et al. (2002) "Preventing Deflation: Lessons from Japan's Experience in the 1990s," *Board of Governors of the Federal Reserve System, International Finance Discussion Papers*, No. 729, June.

Baker, D. (2010) *False Profits: Recovering from the Bubble Economy*, Sausalito, California, PoliPoint Press.

Bernanke, B. S. (2008) "U.S. Financial Markets," before the Committee on Banking, Housing, and Urban Affairs, U.S. Senate, September, 23.

Carter, S. B. and S. Richard (eds.) (2006) *Economic Structure and Performance, Historical Statistics of the United States: Earliest Times to the Present*, Vol. III, Cambridge, Cambridge University Press.

Cynamon, B. Z. and S. M. Fazzari (2015) "Inequality, the Great Recession and Slow Recovery," *Cambridge Journal of Economics*, Vol. 40, No. 2, March.

Galbraith, J. K. (2014) *The End of Normal: The Great Crisis and the Future of Growth*, New York, Simon and Schuster.

Jordà, Ò., M. Schularick and A. M. Taylor (2015) "Leveraged Bubbles," NBER *Working Paper*, No. 21486, August.

Krugman, P. (2015) "Rethinking Japan," *The New York Times*, October 20.

OECD (2015) *In It Together: Why Less Inequality Benefits all*, OECD Publishing.

Roosevelt, F. D. (1937) "Second Inaugural Address," January 20.

Mian, A. and A. Sufi (2014) *House of Debt: How They (and You) Caused the Great Recession, and How We Can Prevent It from Happening Again*, Chicago, the University of Chicago Press.

あとがき

前著、『アベノミクスの終焉』が出版されたのは、二〇一四年八月である。けれども、前著はアベノミクスや異次元緩和政策が始まってから一年少しがたった時点での、「中間報告」だった。金融政策の効果は二年のうちにでると考えられている。余裕を見て三年程度もあれば結果は分かるから、一六年を目処に「最終報告」を書こうと考えていた。

予定よりも一年遅れたが、結果的にはそれでよかったと考えている(もっとも、来年になったら、来年の方がよかったと思っているかもしれない)。

円安の結果、一時は上昇に転じた消費者物価も再び下落し、今ではデフレに戻っている。初めの予想通り、異次元緩和は経済復活にもデフレ脱却にも失敗したと、最終的に結論することができる。

もっとも、「永続しないものはいずれは終わる」と言う。デフレも永続しない限り、いつかは終わる。だから、金融緩和も長く続けていると、そのうちに物価が上昇する時がくるだろう。

しかし、これは金融緩和がデフレ問題を解決したという因果関係を意味しない。

もともと、アベノミクスの理論的根拠はバラバラだった。三本の矢のうち、第一の矢の理論的根拠はニュー・ケインジアン、第二の矢は土建ケインジアン、第三の矢は新自由主義の側面が強いが、そうとも言い切れないというものだった。

金融緩和による物価上昇が失敗する中で、政府だけでなく、日銀も物価引き上げのために企業に賃金上昇を呼びかけるようになった。これもリフレ派理論の全面否定である。経済学説史上、一九七〇年代のインフレ期に、カルドア、ワイントロープなどポスト・ケインズ派は賃金抑制によるインフレ抑制を訴えていた。現在はデフレ脱却が目標だから、反対に賃金を引き上げればよいことになる。三つのバラバラな理論が四つに増えて、理論的にはますます混迷が深まったと言えよう。

もっとも、筆者はアベノミクスの全てに反対しているわけでも、政府・日銀の現状認識が全て間違っていると思っているわけでもない。

例えば、デフレ脱却の鍵を握るのは賃金上昇であることは自明のごとく語られる。それに筆者は賛同するが、日銀が国債を購入すれば、賃金が上昇するとは思わない。

筆者は世界的な原油価格の急落が消費者物価上昇率を引き下げたということには賛同する。

けれども、同時に現在の日銀体制成立時の消費者物価上昇は、円安による輸入インフレの結果だと考えている。原油という一商品の輸入価格の急落が消費者物価上昇率を引き下げるが、円安により全ての輸入価格が上昇しても、消費者物価上昇率が引き上がらないという主張は奇妙であろう。

政府・日銀の認識では、現在の日本経済は緩やかな回復過程にある。経済成長率は一％程度で低いが、プラス成長だから、この認識は間違っているわけではない。しかし、一部の時期を除くと、アベノミクス前の日本経済もこの程度の成長は実現できていた。だから、緩やかな経済回復がアベノミクスの成果だとは思わない。

現在の日本の雇用状況は、バブル期以来であるとも言われる。これも正しい認識だと考えている。しかし、経済成長率が低いのに、雇用が良好というのは奇妙な話である。

低成長下での雇用増加をもたらしたのは、一人あたりの労働時間の減少と労働生産性上昇率の低迷である（それ以外の理由は論理的にはあり得ない）。本書では延べ就業時間は横ばいか、むしろ微減であることを明らかにした。加えて、現役世代人口の減少のために、労働供給は減少している。いずれの要因もマクロ経済政策の成果とは言えないだろう。

ところで、間違った考え方によって、社会を混乱に陥れたということは、科学の裏の歴史の一コマである。特に経済学の世界では、非現実的な仮定によって、非現実的な結論を引き出しているという批判がなされてきた。

けれども、危機は経済学を進歩させる。理論が正しいかどうかは実験しなければ分からないというのは科学の原則だが、経済学のような世界では管理された実験はそう簡単には行えない。その意味で二〇〇八年の世界金融危機や異次元緩和の実験は重要である。

例えば、リフレ派は、異次元緩和が行われる前、マネタリーベースが増加すれば、インフレ期待が高まり、それによってデフレが終わり、賃金が上昇し、家計の消費が増加し、日本経済が成長すると論じていた。実際には、インフレ期待が高まっていないことは今や日銀も認める通りである(ただし、彼らはその原因を消費税増税などに転嫁している)。

あるいは、日本で発行されている大量の国債を日銀が全部購入しても、デフレが脱却できないことは考えられない。だから、デフレはいずれかの時点で脱却できるということも、まことしやかに論じられてきた。

ところが、今では日銀が国債を購入しようにも売り手となる金融機関がいなくなるから、異次元緩和は早晩行き詰まるとも言われている。なお、生命保険会社など国債を最後まで保有しようとする金融機関も存在するから、日銀は全ての国債を購入することができるわけではない。

デフレ脱却に失敗した時の日銀の言い訳がリフレ派理論を否定していることも本書で論じた通りである。政策の失敗はリフレ派理論を空洞化させているのである。混迷するアベノミクスの中でも新思考が求められている。

黒田東彦日銀総裁が『赤毛のアン』を引いて、「これから発見することがたくさんあるって、すてきだと思わない?」(黒田、二〇一六)と言ったことは話題となった。我々はたくさんのことを発見しなければならないのである。もっとも、筆者には黒田と日銀が何を新たに発見したのかがよく分からない。

本書が新思考の発展のためにわずかでも役立つことがあれば、それは筆者の幸いとするところである。

＊

本書を実際に書き始めたのは、二〇一六年一〇月からである。一応の原稿は、一七年一月半ばにできあがり、中山永基氏に原稿を送った。それと並行して、原稿を書き直すとともに、データをアップデートして、最終稿とした。本稿で使用されているデータは一七年三月半ばに使用可能なものである。
前回同様、本書の担当者中山永基氏には、出版にご尽力いただいた。感謝する。

服部茂幸

二〇一七年三月

服部茂幸

1964年大阪府生まれ
1988年京都大学経済学部経済学科卒業．96年京都大学博士(経済学)
現在―同志社大学商学部教授
専攻―理論経済学(マクロ経済学，金融政策)
著書―『アベノミクスの終焉』(岩波新書，2014年)
『新自由主義の帰結――なぜ世界経済は停滞するのか』(岩波新書，2013年)
『危機・不安定性・資本主義――ハイマン・ミンスキーの経済学』(ミネルヴァ書房，2012年)
『日本の失敗を後追いするアメリカ――「デフレ不況」の危機』(NTT出版，2011年)ほか

偽りの経済政策
――格差と停滞のアベノミクス　　岩波新書(新赤版)1661

2017年5月19日　第1刷発行
2018年3月15日　第3刷発行

著　者　服部茂幸《はっとりしげゆき》

発行者　岡本　厚

発行所　株式会社　岩波書店
〒101-8002 東京都千代田区一ツ橋2-5-5
案内 03-5210-4000　営業部 03-5210-4111
http://www.iwanami.co.jp/

新書編集部 03-5210-4054
http://www.iwanamishinsho.com/

印刷・理想社　カバー・半七印刷　製本・中永製本

ISBN 978-4-00-431661-9　　Printed in Japan

岩波新書新赤版一〇〇〇点に際して

ひとつの時代が終わったと言われて久しい。だが、その先にいかなる時代を展望するのか、私たちはその輪郭すら描きえていない。二〇世紀から持ち越した課題の多くは、未だ解決の緒を見つけることのできないままであり、二一世紀が新たに招きよせた問題も少なくない。グローバル資本主義の浸透、憎悪の連鎖、暴力の応酬――世界は混沌として深い不安の只中にある。

現代社会においては変化が常態となり、速さと新しさに絶対的な価値が与えられた。消費社会の深化と情報技術の革命は、種々の境界を無くし、人々の生活やコミュニケーションの様式を根底から変容させてきた。ライフスタイルは多様化し、一面では個人の生き方をそれぞれが選びとる時代が始まっている。同時に、新たな格差が生まれ、様々な次元での亀裂や分断が深まっている。社会や歴史に対する意識が揺らぎ、普遍的な理念に対する根本的な懐疑や、現実を変えることへの無力感がひそかに根を張りつつある。そして生きることに誰もが困難を覚える時代が到来している。

しかし、日常生活のそれぞれの場で、自由と民主主義を獲得し実践することを通じて、私たち自身がそうした閉塞を乗り超え、希望の時代の幕開けを告げてゆくことは不可能ではあるまい。そのために、いま求められていること――それは、個と個の間で開かれた対話を積み重ねながら、人間らしく生きることの条件について一人ひとりが粘り強く思考することではないか。その営みの糧となるものが、教養に外ならないと私たちは考える。歴史とは何か、よく生きるとはいかなることか、世界そして人間はどこへ向かうべきなのか――こうした根源的な問いとの格闘が、文化と知の厚みを作り出し、個人と社会を支える基盤としての教養となった。まさにそのような教養への道案内こそ、岩波新書が創刊以来、追求してきたことである。

岩波新書は、日中戦争下の一九三八年一一月に赤版として創刊された。創刊の辞は、道義の精神に則らない日本の行動を憂慮し、批判的精神と良心的行動の欠如を戒めつつ、現代人の現代的教養を刊行の目的とする、と謳っている。以後、青版、黄版、新赤版と装いを改めながら、合計二五〇〇点余りを世に問うてきた。そして、いままた新赤版が一〇〇〇点を迎えたのを機に、人間の理性と良心への信頼を再確認し、それに裏打ちされた文化を培っていく決意を込めて、新しい装丁のもとに再出発したいと思う。一冊一冊から吹き出す新風が一人でも多くの読者の許に届くこと、そして希望ある時代への想像力を豊かにかき立てることを切に願う。

（二〇〇六年四月）

政治

- 日中漂流　毛里和子
- 共生保障〈支え合い〉の戦略　宮本太郎
- シルバー・デモクラシー 戦後世代の覚悟と責任　寺島実郎
- 憲法と政治　青井未帆
- 18歳からの民主主義　岩波新書編集部編
- 検証 安倍イズム　柿崎明二
- 右傾化する日本政治　中野晃一
- 外交ドキュメント 歴史認識　服部龍二
- 日米〈核〉同盟 原爆、核の傘、フクシマ　太田昌克
- 集団的自衛権と安全保障　豊下楢彦・古関彰一
- 日本は戦争をするのか　半田滋
- アジア力の世紀　進藤榮一
- 民族紛争　月村太郎
- 自治体のエネルギー戦略　大野輝之
- 政治的思考　杉田敦

- 現代日本の政党デモクラシー　中北浩爾
- サイバー時代の戦争　谷口長世
- 現代中国の政治　唐亮
- 日本の国会　大山礼子
- 戦後政治史〔第三版〕　石川真澄・山口二郎
- 〈私〉時代のデモクラシー　宇野重規
- 大臣〔増補版〕　菅直人
- 生活保障 排除しない社会へ　宮本太郎
- 「ふるさと」の発想　西川一誠
- 政治の精神　佐々木毅
- 「戦地」派遣 変わる自衛隊　半田滋
- 民族とネイション　塩川伸明
- 昭和天皇　原武史
- 集団的自衛権とは何か　豊下楢彦
- 沖縄密約　西山太吉
- ルポ改憲潮流　斎藤貴男
- 吉田茂　原彬久
- 戦後政治の崩壊　山口二郎

- 市民の政治学　篠原一
- 東京都政　佐々木信夫
- 有事法制批判　憲法再生フォーラム編
- 日本政治 再生の条件　山口二郎編著
- 安保条約の成立　豊下楢彦
- 岸信介　原彬久
- 自由主義の再検討　藤原保信
- 海を渡る自衛隊　佐々木芳隆
- 一九六〇年五月一九日　日高六郎編
- 日本の政治風土　篠原一
- 近代の政治思想　福田歓一

岩波新書より

法律

- 裁判の非情と人情　原田國男
- 憲法改正とは何だろうか　高見勝利
- 独占禁止法〔新版〕　村上政博
- 密着 最高裁のしごと　川名壮志
- 「法の支配」とは何か 行政法入門　大浜啓吉
- 会社法入門〔新版〕　神田秀樹
- 憲法への招待〔新版〕　渋谷秀樹
- 比較のなかの改憲論　辻村みよ子
- 大災害と法　津久井進
- 変革期の地方自治法　兼子仁
- 原発訴訟　海渡雄一
- 民法改正を考える　大村敦志
- 労働法入門　水町勇一郎
- 人が人を裁くということ　小坂井敏晶
- 知的財産法入門　小泉直樹
- 消費者の権利〔新版〕　正田彬
- 司法官僚 裁判所の権力者たち　新藤宗幸

- 名誉毀損　山田隆司
- 刑法入門　山口厚
- 家族と法　二宮周平
- 憲法とは何か　長谷部恭男
- 良心の自由と子どもたち　西原博史
- 著作権の考え方　岡本薫
- 裁判官はなぜ誤るのか　秋山賢三
- 法とは何か〔新版〕　渡辺洋三
- 民法のすすめ　星野英一
- 日本社会と法　渡辺洋三・甲斐道太郎・広渡清吾・小森田秋夫 編
- 日本の憲法〔第三版〕　長谷川正安
- 憲法と天皇制　横田耕一
- 自由と国家　樋口陽一
- 納税者の権利　北野弘久
- 小繋事件　戒能通孝
- 日本人の法意識　川島武宜

カラー版

- カラー版 国芳　岩切友里子
- カラー版 知床・北方四島　大泰司紀之・本間浩昭
- カラー版 西洋陶磁入門　大平雅巳
- カラー版 すばる望遠鏡の宇宙　海部宣男・宮下曉彦 写真
- カラー版 ブッダの旅　丸山勇
- カラー版 ベトナム 戦争と平和　石川文洋
- カラー版 難民キャンプの子どもたち　田沼武能
- カラー版 細胞紳士録　藤田恒夫・牛木辰男
- カラー版 メッカ　野町和嘉
- カラー版 シベリア動物誌　福田俊司
- カラー版 ハッブル望遠鏡が見た宇宙　野本陽代・R・ウィリアムズ
- カラー版 妖怪画談　水木しげる

経済

偽りの経済政策 服部茂幸
ミクロ経済学入門の入門 坂井豊貴
経済学のすすめ 佐和隆光
ガルブレイス 伊東光晴
ユーロ危機とギリシャ反乱 田中素香
ポスト資本主義 科学・人間・社会の未来 広井良典
日本の納税者 三木義一
タックス・イーター 志賀櫻
コーポレート・ガバナンス 花崎正晴
グローバル経済史入門 杉山伸也
アベノミクスの終焉 服部茂幸
新・世界経済入門 西川潤
金融政策入門 湯本雅士
日本経済図説〔第四版〕 宮崎勇 本庄真 田谷禎三
新自由主義の帰結 服部茂幸
タックス・ヘイブン 志賀櫻

WTO 貿易自由化を超えて 中川淳司
日本財政 転換の指針 井手英策
日本の税金〔新版〕 三木義一
世界経済図説〔第三版〕 宮崎勇 田谷禎三
成熟社会の経済学 小野善康
平成不況の本質 大瀧雅之
原発のコスト 大島堅一
次世代インターネットの経済学 依田高典
ユーロ 危機の中の統一通貨 田中素香
低炭素経済への道 諸富徹 浅岡美恵
「分かち合い」の経済学 神野直彦
グリーン資本主義 佐和隆光
消費税をどうするか 小此木潔
国際金融入門〔新版〕 岩田規久男
金融商品とどうつき合うか 新保恵志
金融NPO 藤井良広
地域再生の条件 本間義人

経済データの読み方〔新版〕 鈴木正俊
格差社会 何が問題なのか 橘木俊詔
景気とは何だろうか 山家悠紀夫
環境再生と日本経済 三橋規宏
人民元・ドル・円 田村秀男
社会的共通資本 宇沢弘文
景気と国際金融 小野善康
経営革命の構造 米倉誠一郎
ブランド 価値の創造 石井淳蔵
景気と経済政策 小野善康
アメリカの通商政策 佐々木隆雄
戦後の日本経済 橋本寿朗
共生の大地 新しい経済がはじまる 内橋克人
思想としての近代経済学 森嶋通夫
シュンペーター 伊東光晴 根井雅弘
経済学の考え方 宇沢弘文
経済学とは何だろうか 佐和隆光
ケインズ 伊東光晴

社 会

歩く、見る、聞く 人びとの自然再生	宮内泰介
対話する社会へ	暉峻淑子
悩みいろいろ	金子 勝
魚と日本人 食と職の経済学	濱田武士
ルポ 貧困女子	飯島裕子
鳥獣害 動物たちと、どう向きあうか	祖田 修
科学者と戦争	池内 了
新しい幸福論	橘木俊詔
ブラックバイト 学生が危ない	今野晴貴
原発プロパガンダ	本間 龍
ルポ 母子避難	吉田千亜
日本にとって沖縄とは何か	新崎盛暉
日本病 長期衰退のダイナミクス	金子 勝、児玉龍彦
雇用身分社会	森岡孝二
生命保険とのつき合い方	出口治明

ルポ にっぽんのごみ	杉本裕明
鈴木さんにも分かるネットの未来	川上量生
地域に希望あり	大江正章
世論調査とは何だろうか	岩本 裕
フォト・ストーリー 沖縄の70年	石川文洋
ルポ 保育崩壊	小林美希
多数決を疑う 社会的選択理論とは何か	坂井豊貴
アホウドリを追った日本人	平岡昭利
朝鮮と日本に生きる	金 時鐘
被災弱者	岡田広行
農山村は消滅しない	小田切徳美
復興〈災害〉	塩崎賢明
「働くこと」を問い直す	山崎 憲
原発と大津波 警告を葬った人々	添田孝史
縮小都市の挑戦	矢作 弘
福島原発事故 被災者支援政策の欺瞞	日野行介
日本の年金	駒村康平

食と農でつなぐ 福島から	塩谷弘康、岩崎由美子
過労自殺〔第二版〕	川人 博
金沢を歩く	山出 保
ドキュメント 豪雨災害	稲泉 連
ひとり親家庭	赤石千衣子
女のからだ フェミニズム以後	荻野美穂
〈老いがい〉の時代	天野正子
子どもの貧困 II	阿部 彩
性と法律	角田由紀子
ヘイト・スピーチとは何か	師岡康子
生活保護から考える	稲葉 剛
かつお節と日本人	宮内泰介、藤林 泰
家事労働ハラスメント	竹信三恵子
福島原発事故 県民健康管理調査の闇	日野行介
電気料金はなぜ上がるのか	朝日新聞経済部
おとなが育つ条件	柏木惠子
在日外国人〔第三版〕	田中 宏
まち再生の術語集	延藤安弘

岩波新書より

震災日録 記憶を記録する	森 まゆみ
原発をつくらせない人びと	山 秋 真
社会人の生き方	暉峻淑子
構造災 科学技術社会に潜む危機	松本三和夫
家族という意志	芹沢俊介
ルポ 良心と義務	田中伸尚
飯舘村は負けない	千葉悦子 松野光伸
夢よりも深い覚醒へ	大澤真幸
子どもの声を社会へ	桜井智恵子
就職とは何か	森岡孝二
日本のデザイン	原 研哉
ポジティヴ・アクション	辻村みよ子
脱原子力社会へ	長谷川公一
希望は絶望のど真ん中に	むのたけじ
福島 原発と人びと	広河隆一
アスベスト 広がる被害	大島秀利
原発を終わらせる	石橋克彦編
日本の食糧が危ない	中村靖彦
勲 章 知られざる素顔	栗原俊雄
希望のつくり方	玄田有史
生き方の不平等	白波瀬佐和子
同性愛と異性愛	風間孝 河口和也
居住の貧困	本間義人
贅沢の条件	山田登世子
新しい労働社会	濱口桂一郎
世代間連帯	上野千鶴子 辻元清美
道路をどうするか	五十嵐敬喜 小川明雄
子どもの貧困	阿部 彩
子どもへの性的虐待	森田ゆり
戦争絶滅へ、人間復活へ	むのたけじ 黒岩比佐子 聞き手
テレワーク 「未来型労働」の現実	佐藤彰男
反 貧 困	湯浅 誠
不可能性の時代	大澤真幸
地域の力	大江正章
ベースボールの夢	内田隆三
グアムと日本人 戦争を埋立てた楽園	山 口 誠
少子社会日本	山田昌弘
親米と反米	吉見俊哉
「悩み」の正体	香山リカ
変えてゆく勇気	上川あや
建 築 紛 争	五十嵐敬喜 小川明雄
戦争で死ぬ、ということ	島本慈子
社会学入門	見田宗介
冠婚葬祭のひみつ	斎藤美奈子
少年事件に取り組む	藤原正範
いまどきの「常識」	香山リカ
働きすぎの時代	森岡孝二
桜が創った「日本」	佐藤俊樹
生きる意味	上田紀行
ルポ 戦争協力拒否	吉田敏浩
ウォーター・ビジネス	中村靖彦
男女共同参画の時代	鹿嶋 敬
当事者主権	中西正司 上野千鶴子
ルポ 解 雇	島本慈子
豊かさの条件	暉峻淑子
人生案内	落合恵子

岩波新書より

若者の法則　香山リカ
少年犯罪と向きあう　石井小夜子
自白の心理学　浜田寿美男
原発事故はなぜくりかえすのか　高木仁三郎
日本の近代化遺産　伊東　孝
証言　水俣病　栗原　彬編
コンクリートが危ない　小林一輔
東京国税局査察部　立石勝規
バリアフリーをつくる　光野有次
ドキュメント屠場　鎌田　慧
能力主義と企業社会　熊沢　誠
現代社会の理論　見田宗介
原発事故を問う　七沢　潔
災害救援　野田正彰
命こそ宝　沖縄反戦の心　阿波根昌鴻
スパイの世界　中薗英助
「成田」とは何か　宇沢弘文
都市開発を考える　大野輝之　レイコ・ハベ・エバンス

ディズニーランドという聖地　能登路雅子
原発はなぜ危険か　田中三彦
豊かさとは何か　暉峻淑子
農の情景　杉浦明平
光に向って咲け　粟津キヨ
異邦人は君ヶ代丸に乗って　金　賛汀
読書と社会科学　内田義彦
ああダンプ街道　佐久間充
科学文明に未来はあるか　野坂昭如編著
働くことの意味　清水正徳
原爆に夫を奪われて　神田三亀男編
プルトニウムの恐怖　高木仁三郎
住宅貧乏物語　早川和男
食品を見わける　磯部晶策
社会科学における人間　大塚久雄
沖縄ノート　大江健三郎
追われゆく坑夫たち　上野英信
この世界の片隅で　山代　巴編
音から隔てられて　入谷仙介　林　瓢介編

ものいわぬ農民　大牟羅良
世直しの倫理と論理（下）　小田　実
死の灰と闘う科学者　三宅泰雄
米軍と農民　阿波根昌鴻
暗い谷間の労働運動　大河内一男
ユダヤ人　J-P・サルトル　安堂信也訳
社会認識の歩み　内田義彦
社会科学の方法　大塚久雄
自動車の社会的費用　宇沢弘文

現代世界

宗教

パウロ 十字架の使徒　青野太潮
弘法大師空海と出会う　川﨑一洋
高野山　松長有慶
マルティン・ルター　徳善義和
教科書の中の宗教　藤原聖子
『教行信証』を読む 親鸞の世界へ　山折哲雄
国家神道と日本人　島薗進
聖書の読み方　大貫隆
寺よ、変われ　高橋卓志
親鸞をよむ　山折哲雄
日本宗教史　末木文美士
法華経入門　菅野博史
イスラム教入門　中村廣治郎
ジャンヌ・ダルクと蓮如　大谷暢順
蓮如　五木寛之
キリスト教と笑い　宮田光雄
密教　松長有慶
仏教入門　三枝充悳
モーセ　浅野順一
イスラーム(回教)　蒲生礼一
ヨブ記　浅野順一
聖書入門　小塩力
慰霊と招魂　村上重良
国家神道　村上重良
お経の話　渡辺照宏
日本の仏教　渡辺照宏
仏教〔第二版〕　渡辺照宏
禅と日本文化　鈴木大拙 北川桃雄訳

心理・精神医学

モラルの起源　亀田達也
トラウマ　宮地尚子
自閉症スペクトラム障害　平岩幹男
自殺予防　高橋祥友
だます心だまされる心　安斎育郎
痴呆を生きるということ　小澤勲
快適睡眠のすすめ　堀忠雄
精神病　笠原嘉
やさしさの精神病理　大平健
生涯発達の心理学　高橋惠子 波多野誼余夫
心病める人たち　石川信義
コンプレックス　河合隼雄
日本人の心理　南博

哲学・思想

- 中国近代の思想文化史　坂元ひろ子
- 憲法の無意識　柄谷行人
- ホッブズ　リヴァイアサンの哲学者　田中浩
- プラトンとの哲学　対話篇をよむ　納富信留
- 〈運ぶヒト〉の人類学　川田順造
- 哲学の使い方　鷲田清一
- ヘーゲルとその時代　権左武志
- 柳宗悦　中見真理
- 人類哲学序説　梅原猛
- 加藤周一　海老坂武
- 哲学のヒント　藤田正勝
- 空海と日本思想　篠原資明
- 論語入門　井波律子
- トクヴィル　現代へのまなざし　富永茂樹
- 和辻哲郎　熊野純彦
- 現代思想の断層　徳永恂
- 宮本武蔵　魚住孝至
- 西田幾多郎　藤田正勝
- 善と悪　大庭健
- 丸山眞男　苅部直
- 西洋哲学史　近代から現代へ　熊野純彦
- 西洋哲学史　古代から中世へ　熊野純彦
- 世界共和国へ　柄谷行人
- 悪について　中島義道
- ポストコロニアリズム　本橋哲也
- 戦争論　多木浩二
- 近代の労働観　今村仁司
- プラトンの哲学　藤沢令夫
- 術語集 II　中村雄二郎
- マックス・ヴェーバー入門　山之内靖
- ハイデガーの思想　木田元
- 臨床の知とは何か　中村雄二郎
- 戦後ドイツ　三島憲一
- 「文明論之概略」を読む　上・中・下　丸山真男
- 術語集　中村雄二郎
- 死の思索　松浪信三郎
- 生きる場の哲学　花崎皋平
- イスラーム哲学の原像　井筒俊彦
- 北米体験再考　鶴見俊輔
- 孟子　金谷治
- 知者たちの言葉　斎藤忍随
- 現代日本の思想　久野収　鶴見俊輔
- 日本の思想　丸山真男
- 権威と権力　なだいなだ
- 時間　滝浦静雄
- 朱子学と陽明学　島田虔次
- デカルト　野田又夫
- パスカル　野田又夫
- プラトン　斎藤忍随
- ソクラテス　田中美知太郎
- 現代論理学入門　沢田允茂
- 現象学　木田元
- 哲学入門　三木清

岩波新書/最新刊から

1695 **近代日本一五〇年** ―科学技術総力戦体制の破綻― 山本義隆 著

科学技術振興に基づく軍事、経済大国化を問う。科学史の名著と、全共闘運動、福島の事故をめぐる著作とをつなぐ著者初の新書。

1696 **マルクス 資本論の哲学** 熊野純彦 著

今なお「世界は変わりうる」のか、三度目の《世界革命》は起こりうるか？ 全ての変革の原点となる古典的遺産への本格的入門書。

1697 **内村鑑三** 悲しみの使徒 若松英輔 著

自らの弱さを知るからこそ、つねに敬虔であろうとした内村。生涯をたどりながら、その著作に今も響きつづける霊性を読み解く。

1698 **イスラーム主義** ―もう一つの近代を構想する― 末近浩太 著

イスラーム主義は、オスマン帝国崩壊後のあるべき秩序を模索する試みの一つだった。単なる復古主義ではない、その実像に迫る。

1699 **ガンディー** 平和を紡ぐ人 竹中千春 著

ガンディーの非暴力の生き方と思想は、いまも汲めど尽きせぬ恵みをもたらす。「偉大なる魂」と呼ばれた人の生涯を語る評伝。

1700 **茶と琉球人** 武井弘一 著

〝豊かな〟農業型社会を築いていた琉球国の実像とは。茶というモノの生産・流通・消費をとおして、近世琉球の「自立」を問う。

1701 **棋士とAI** ―アルファ碁から始まった未来― 王銘琬 著

世界が注目するアルファ碁とは何か。ソフト制作も知る人気棋士が人間とAIの交錯、囲碁の面白さを披露する。

1702 **技術の街道をゆく** 畑村洋太郎 著

現地を訪ね、現物に触り、現場の人と議論する。苦境に立つ日本の技術。生き残る道をさぐる、ハタムラ版「街道をゆく」である。

(2018. 2)